JN093614

技術者・研究者のための

特許の知識と実務

［第5版］

弁理士・技術士（金属部門）
高橋 政治【著】

—特許出願、権利化業務の実際—

秀和システム

第５版にあたって

「技術者・研究者の方に必要な特許の知識を“過不足なく”提供する」という、他の書籍とは異なるコンセプトを掲げた本書は、2011年８月に初版を出版してから幸いにも多くの方にお読み頂き、2022年１月には第４版を出版するに至りました。

その後、現在までの間に法改正が行われ、いくつかの記載を修正する必要が生じました。また、いくつかの統計データ等が古くなってしまったため、新しいものに入れ替える必要が生じました。さらに、本書ではより詳しい情報を知りたい方のために、詳細情報が示されているインターネット上の公的サイト等のURLを紹介していますが、それらサイトが移動したり、消滅したりして、複数のURLがリンク切れを起こしてしまいました。そこでそれらを修正する必要が生じました。

このようなデータのアップデート等に対応するため、第５版を作成しました。

加えて第５版では、選択発明、数値限定発明、パラメータ発明、組成物発明、除くクレームという特殊な発明についての解説を加えました。これら特殊な発明について特許を取得するためには、各々について注意すべき点や知っておくべきことがあり、これらを把握せずに出願しても、特許権を取得できなかったり、仮に特許権を取得できたとしても、非常に狭い範囲の特許権になってしまったりする場合があります。したがって、これら特殊な発明についてポイントを押えておくことが重要です。

初版、第２版、第３版、第４版と同様、この第５版が、技術者・研究者の方が特許に関する業務を行う際に役立てば幸いです。

2023年11月

弁理士・技術士（金属部門）　高橋政治

はじめに

企業や研究機関に所属している技術者・研究者の方は、業務の一つとして特許出願やその権利化業務を行います。企業や研究機関の中には技術者・研究者に特許出願のノルマを課しているところも多いと思います。したがって技術者・研究者には特許に関する知識が必要となります。

それでは、技術者・研究者にはどの程度（レベル）の特許の知識が必要なのでしょうか？

もちろん、企業の知的財産部員や特許事務所の弁理士のような特許の専門家と同レベルの知識を身につけることができれば、それに越したことはありません。しかし、技術者・研究者の主な業務は技術開発ですから、それ以外である特許業務を行うために、多くの時間と労力を費やして専門家と同レベルの知識を身につけるのは得策ではありません。必要な知識のみを効率的に身につけ、もし分からないことがでてきたときは専門家の助けを借りればよいでしょう。

本書では、**技術者・研究者としてこれだけは知っておくべき**、そして**ここまで知っている必要はない**という観点から、主に企業や研究機関に所属している技術者・研究者が身につけるべき特許の知識を**過不足なく**提供することを目的とし、特許に関する基礎的知識とそれに基づく実務的知識を解説しました。

本書の特徴は、次の通りです。

①主に企業や研究機関に所属している技術者・研究者の方に必要な特許の知識を過不足なく解説しました。

②平易な言葉でわかりやすく解説しました。

③さらに詳しく知りたい方のために、必要に応じて詳しい解説を示しました。

技術者・研究者の方が特許に関する業務を行う際に、本書が参考になれば幸いです。

2011年8月

弁理士・技術士（金属部門）　高橋政治

技術者・研究者のための

特許の知識と実務［第５版］

―特許出願、権利化業務の実際―

目次

第５版にあたって……2

はじめに……3

本書の利用方法……8

［知識編］

第1章 まずは特許の基本を知ろう

1-1 そもそも特許って、何？……12

1-2 特許権をとると、どのような利益があるのか？……14

1-3 特許出願から特許権がとれるまでの流れ……18

1-4 発明してから特許権がとれるまでに発明者がすべきこと……22

1-5 特許権がとれても安心できない？……27

1-6 特許権の侵害とは？……30

第2章 どのような発明であれば特許をとれるのか？

2-1 特許庁における審査……38

2-2 発明であること……40

2-3 新規性があること……42

2-4 進歩性があること……46

2-5 実施可能要件を満たすこと……54

2-6 特許請求の範囲の記載要件を満たすこと……56

2-7 その他の特許要件……58

第3章 ここまで知っていれば十分！ 特許の知識

3-1 新規性喪失の例外 …… 62
3-2 国内優先権主張出願 …… 66
3-3 早期審査制度 …… 68
3-4 補正 …… 70
3-5 分割出願 …… 72
3-6 外国出願・国際出願（PCT出願）…… 74
3-7 情報提供と特許異議申立て …… 76
3-8 発明の種類と特許権の強さ …… 78
3-9 実用新案と特許の違い …… 83
3-10 意匠権、商標権について …… 86
3-11 変更出願 …… 88
3-12 共同研究の際の注意点 …… 90
3-13 先使用権、検証実験の実施、特許表示 …… 92
3-14 特殊な発明1：選択発明 …… 94
3-15 特殊な発明2：数値限定発明 …… 97
3-16 特殊な発明3：パラメータ発明 …… 100
3-17 特殊な発明4：組成物発明 …… 103
3-18 特殊な発明5：除くクレーム …… 105

[実務編]

第4章 発明したら初めに先行技術を調査しよう

4-1 どうすれば発明できるのか？ …… 110
4-2 検索方法の種類と特徴を知ろう …… 114
4-3 キーワード検索で実際に検索してみよう …… 118
4-4 引用文献・被引用文献検索を行ってみよう …… 125
4-5 FI・Fターム検索に挑戦しよう …… 127

第5章 出願書類を作成して特許出願しよう

5-1 初めに発明提案書を作ろう ………………………………… 146
5-2 特許出願するために必要な書類 …………………………… 151
5-3 出願書類は自分で作成するか？ 専門家に依頼するか？… 159
5-4 出願した後に技術者・研究者が注意すべきこと ………… 164

第6章 拒絶理由通知への対応

6-1 拒絶理由通知とは？ ………………………………………… 168
6-2 実際の拒絶理由通知書の例 ………………………………… 169
6-3 拒絶理由通知書の内容を読み取ろう ……………………… 177
6-4 意見書と補正書を作成しよう ……………………………… 188
6-5 拒絶査定がきた場合の対応方法 …………………………… 193
6-6 特許査定がでても内容に不満なら審査をやり直せる …… 195

第7章 特許出願しないブラックボックス化戦略

7-1 特許出願とブラックボックス化に関する近年の潮流 …… 198
7-2 ブラックボックス化が必要な理由 ………………………… 201
7-3 研究開発・技術開発の成果の扱い方 ……………………… 205
7-4 ブラックボックス化と特許出願のメリット・デメリット … 209
7-5 ブラックボックス化と特許出願の選択基準 ……………… 212

資料　さらに詳しく知りたい方のために

第１章　まずは特許の基本を知ろう …… 218
第２章　どのような発明であれば特許をとれるのか？ …… 223
第３章　ここまで知っていれば十分！　特許の知識 …… 226
第４章　発明したら初めに先行技術を調査しよう …… 234
第５章　出願書類を作成して特許出願しよう …… 235
第６章　拒絶理由通知への対応 …… 235

参考文献 …… 237
索　　引 …… 238

コラム

・似ている言葉に気をつけよう …… 17
・特許がとれても独占実施できない特殊なケース …… 34
・「ニクノニ」とは？ …… 53
・補正できる範囲を超えて補正すると拒絶される …… 59
・狭すぎる特許権はとったとしても意味がないのか？ …… 81
・ペコちゃん人形には商標権が付与されている！ …… 108
・「いきなり！ステーキ」のステーキ提供システムは
発明に該当するのか？ …… 117
・効果が低い発明でも特許は取れます …… 132
・マルチマルチクレーム制限とは？ …… 143
・特許出願書類はどのような順番で作成していくべきか？ …… 163
・「～を含む○○」と「～からなる○○」の違いについて …… 187
・「および、または、もしくは、ならびに」の使い分けについて …… 196
・POSCOへ営業秘密を漏洩した元従業員を
新日鉄が訴え続けた理由 …… 216

本書の利用方法

①本書の利用者

本書は企業や研究機関に所属している技術者・研究者の方を主な利用者と想定しています。

ただし、巻末の資料「**さらに詳しく知りたい方のために**」まで読んでいただける場合は、特許を専門とする仕事を始めたばかりの方（たとえば企業の知的財産部や特許事務所の新入社員の方）もご利用いただけると思います。

なお、本文中の（☞●）のマークは「**さらに詳しく知りたい方のために**」に関連事項の詳細が説明されていることを意味しています。

②本書の位置づけと利用方法

技術者・研究者の方は**さらに詳しく知りたい方のために**を読まなくても、特許に関する仕事を行ううえで必要な知識のすべてが得られるはずです。

しかし、逆にいえば、それだけでは特許に関するすべての知識を得たことにならない点に注意してください。本書によって得られる知識は特許の体系における幹をなすものではありますが、その他にたくさんの枝（例外事項）が存在します。本書では理解を容易にするために主に幹について解説し、枝に相当する例外事項については**さらに詳しく知りたい方のために**としてその一部を示すに留めました。特許の知識体系には例外的なことが多く、それらのすべてを理解するには時間や労力がかかりすぎます。例外事項まで理解する必要があるのは専門家だけであって、技術者・研究者の方はそこまで知る必要はないというスタンスで本書は作成されています。

したがって、技術者・研究者の方が実際に特許出願やその権利化業務を行う場合は、必要に応じて自社の知的財産部や特許事務所（弁理士）のような専門家の手助けを借りて行っていただくか、または他の解説書を十分に調べたうえで行ってください。本書は上記のような趣旨で作成されているため、たとえば、技術者・研究者の方が本書のみに基づいてご自身で特許庁へ何らかの手続きを行った場合、もし、その手続きが例外事項であると、手続きがうまく進まない可能性があります。

技術者・研究者の方が本書の内容を理解していただければ、専門家とともに特許業務を行う場合に従来と比べて非常にスムーズに業務を進めることができるようになるはずです。たとえば専門家に特許出願書類（明細書等）の作成を依頼する場合でも、自分が意図する発明の内容を十分に反映した特許出願書類を容易に得られるようになるでしょう。

本書は上記のような趣旨で作成されていますので、企業や研究機関における技術者・研究者の方のための特許研修用テキストに適していると思います。

③本書の構成

本書は、前半（第1章～第3章）の［知識編］と後半（第4章～第7章）の［実務編］から構成されています。

前半の［知識編］では、技術者・研究者の方が知っておくべき特許の基礎的知識を解説します。この説明を理解していただければ、後半の［実務編］はスムーズに理解できるはずです。また［知識編］の内容についてすでに理解している方は、後半の［実務編］から読んでいただいてもよいと思います。

後半の［実務編］は、技術者・研究者の方が実際に特許出願を行う際の業務（先行技術調査、発明提案書の作成、明細書・特許請求の範囲等の作成など）、および特許庁から拒絶理由通知書がきた場合に行うべき業務（意見書・補正書の作成など）に必要な知識、加えて発明のブラックボックス化について、具体例を用いて実践的に説明します。

④注意点

本書における「技術者・研究者としてこれだけは知っておくべき」「これ以上知っている必要はない」「ここまで知っていれば十分」というような判断は、すべて筆者が自身の経験に基づいて行っているものであり、所属団体や保有資格などとは関係がない点にご注意ください。

⑤その他

本書には所々に条文の番号が示されていますが、条文番号のみが示されている場合は特許法の条文を意味しています。特許法以外の法律の場合は、法律名と条文番号を両方記載しています。また、本書で説明している法律、規則、審査基準等は、2023年11月1日現在のものです。

第1章 まずは特許の基本を知ろう

この章では「特許とは何か？」といったことや特許出願手続の流れなどの特許の基礎について説明します。基礎とはいっても重要なことばかりですので、確認のためにも、ぜひ初めから順に読み進めてください。この章の内容をおおむね理解していただければ、次章以降の各論について理解しやすくなるはずです。次章以降を読んでいる途中でも、たびたびこの章に戻ってきて基礎を再確認していただくとよいと思います。

1-1 そもそも特許って、何？

技術者・研究者の方は、もちろん「特許」という言葉をご存じでしょう。しかし、「特許とは何ですか？」という質問に答えるのは結構難しいと思います。いろいろな答えがあり得ると思いますが、以下のように考えるとわかりやすいと思います。

特許≒車？

特許とは何でしょうか？　私は次のように考えるとわかりやすいと思います。

「特許」とは「物」である

具体的にいうと「特許をもっている」とは、たとえば「車をもっている」ということとほとんど同じといえます。

たとえば車を持っている方が自分の車を中古車屋に売ったら、中古車屋からお金をもらえます。また、車を友人に貸す場合、「1日5,000円で貸してあげます」などということができます。また、友人が断りなしに自分の車を使っていたら「勝手に使うな！」といって使用をやめさせることができます。

特許をもっていると、これと同じことができるのです。

特許をもっていたら、その特許権をほしい人へ売ってお金を得ることができます。また、その発明を使いたい人がいれば「その発明を1年間使っていいから、○○円ください」などということができます。また、その発明を自分の断りなしに使っている

特許と車の比較表（1－1）

	車	特許
売る	可能	可能
貸す	可能	可能
差止	可能	可能
損害賠償	可能	可能

人がいたら、「勝手に使うな！」といって使用をやめさせることができます。さらに勝手に使われたことで自分に損害が発生しますので、損害賠償を請求することもできます。

このように「特許をもっている」ということは、車などの「物をもっている」ということと、ほとんど同じといえます。

特許と車の違い

それでは、「特許」と「車」の違いは、どこにあるのでしょうか。

それは「車」には実体があり、「特許」には実体がないということです。

「車」には実体がありますから「あなたの車はどれですか」と聞かれた場合、「これです。」と指さして示すことができます。

しかし「特許」には実体がありませんので「これが私の特許です」と指さして示すことはできません。実体がないものの内容を示すには工夫が必要です。そこで特許制度（☞1）においては、自分の特許（発明）はどのようなものかを書面に示し、それを特許庁に登録することにしています。このようにすることで実体のないものの内容を明確にし、誰もがその内容を理解できるようにしているのです（☞2）。

このように発明の内容を記載して特許庁へ提出するものが**明細書**や**特許請求の範囲**などの特許出願書類です。実体のないものを文章で表してその内容を明確にするわけですから、特許出願書類の作成はかなり難しい作業です。

1-2 特許権をとると、どのような利益があるのか？

技術者・研究者の方のほとんどは、会社や研究機関に所属していると思います。それでは技術者・研究者の方が発明し、業務の一つとして特許出願して、その後、特許権がとれた場合、会社や研究機関にはどのような利益があるのでしょうか？　また、技術者・研究者の方には個人的に、どのような利益があるのでしょうか？

特許権をとると会社にはどのような利益があるのか？

技術者・研究者の方を発明者とし、所属する会社を特許出願人として特許出願し、その後、特許権がとれると、その特許権は会社のものになります。

そして、特許権をとった会社は次のような利益を得ることができます（なお、「会社」ではなく「研究機関」であっても同様です）。

[利益1]

特許権をとると一定期間、その発明について独占して実施することができます（☞3）。

つまり、その発明の商品（特許品）を一定期間、独占して販売することができます。他人は同じものを販売することができませんので、世の中の人は特許権者から買うしかありません。市場を独占できるわけです。また、独占販売ですから、競合他社と価格競争する必要がありません。

これに対して特許権をとらないと競合他社は模倣してもよいことになります。せっかく苦労して開発した発明を競合他社に模倣されるのは避けたいでしょう。しかしながら特許権がなかったら、原則的にはそれをやめさせることはできません（☞4）。

[利益2]

販売する特許品に特許をとったことを示すことができます。商品のパッケージ等に「特許第○○○号取得！」などと記載されているものをよく見かけると思います。需要者は「特許をとったんだから、たぶん良い商品なんだろう」と考えるので、その商品はたくさん売れることになるでしょう。

[利益3]

特許発明について他社が無断で実施していた場合、その実施をやめさせることができます。つまり、差止を請求することができます。また、損賠賠償を請求することもできます。

[利益4]

特許発明について他社が実施したい場合、ライセンスして料金を得ることができます。

特許権がとれなくても利益がある

上記は特許権がとれた場合の話ですが、特許出願しても結果的に特許権がとれない場合があります。このような場合、特許出願するだけ費用と労力がかかって無駄なのでしょうか？

それは違います。そのような場合であっても利益はあります。それは、同一内容の発明について、後から競合他社に特許をとられないという利益です。つまり、特許出願して特許権がとれなかったとしても、競合他社もとれなくなりますので、自社は

特許出願するだけで得られる利益について（1-2）

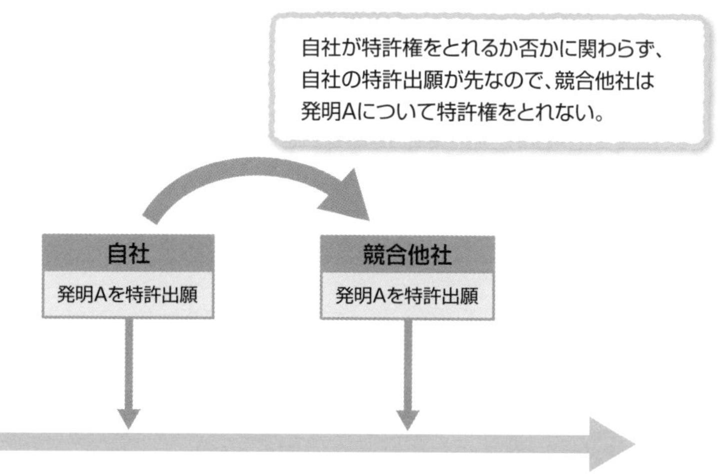

今後も継続して実施できるようになります（☞5）。したがって、新しい物を販売する場合や、新しく開発したサービスを提供する場合等は、特許出願することで少なくとも自社が今後も継続して実施できるようにするべきです。

例えば、発明したけれど「こんなの大した発明じゃないから、特許なんてとれそうもないな」と判断して特許出願をしないで放置していたら、後から同じ内容の発明について競合他社が特許出願して特許権をとられてしまったという場合、その発明について自社は実施できなくなってしまいます。発明したけれど「こんなの大した発明じゃない」と思った場合は、今後、20年以内（☞3）に実施する可能性があるかどうかという観点から考えてみてください。そして実施する可能性があるのなら特許出願しておくべきです。

発明者にはどのような利益があるか？

上記は会社の利益についてですが、次に発明者の利益について説明します。

会社や研究機関に所属している技術者・研究者の方が主業務である技術開発を行うと、いろいろな発明が生み出されます。このような発明について特許出願する際は、特許出願書類の1つである願書の【発明者】の欄に発明した方の名前を記載します。そして、【特許出願人】の欄に、通常、会社等の名前を記載します。

このように会社等の業務として行った発明を**職務発明**といいますが、職務発明をした後、会社等を特許出願人として特許出願した場合、発明者は会社等から相当の利益を得る権利があります。これは通常の給料以外に報奨金をもらう権利と考えてよいと思います（☞6）。

また、特許出願をしたときと別に、特許権が発生したときにさらに報奨金を支払ってくれることになっている会社等も多くあります。他にも、他社にライセンスした場合にライセンス料に応じてさらに報奨金を支払ってくれる会社等もあります。

なお、報奨金がいくらかは一概に決まるものではなく、その発明によって会社がどれくらい儲かったとか、それによって発明者の待遇がどれくらいよくなったかとか、そういったことを考慮して個別に決まることになっています（☞6）。青色発光ダイオードの中村修二さんの場合が有名ですが、対価は数億円以上となる場合もあります。

COLUMN 似ている言葉に気をつけよう

●拒絶査定と拒絶理由通知

特許の世界には似て非なる意味の言葉がいくつかありますが、もっとも重要なものとして**拒絶査定**と**拒絶理由通知**が挙げられます。この2つの言葉の意味の違いは絶対に知っておくべきです。

拒絶査定は特許庁での審査における結論の1つです。審査した結果、特許は与えられないと結論が下されたということです。結論ですので拒絶査定がでたならば審査は原則として終わります。なお、審査の結論は拒絶査定の他、特許査定があります。

これに対して拒絶理由通知は、特許庁の審査官が拒絶査定をだす前に、なぜ拒絶査定をだそうとしているのかの理由を知らせるものです。特許法上、審査官は審査の結論である拒絶査定をだす前に、必ず拒絶理由通知をださなければならないことになっています。拒絶理由通知がきた後、意見書や補正書を提出して反論しても審査官の判断が変わらなかった場合、その後拒絶査定がきます。

拒絶査定と拒絶理由通知について、詳しくは1-3節、6-1節を参照してください。

●公開特許公報と特許公報

また、似ている言葉として**公開特許公報**と**特許公報**が挙げられます。厳密には、前者は後者に含まれますので、これらは非常に区別しにくいです。

しかし、一般的には、前者の公開特許公報は、特許出願の日から1年6月経過した後に公開されるものをいいます。公開特許公報のことを、公開公報という場合もあります。

これに対して、後者の特許公報は、特許権の設定登録があった後に、その内容が公開されるものをいうのが通常です。この特許公報を特許掲載公報という場合もあります。

●特許と特許権

また、さらに区別しにくい言葉として**特許**と**特許権**が挙げられます。この2つの言葉は同じものを意味している場合もありますし、違うものを意味している場合もあります。

たとえば審査官が特許査定をだした後、特許料を納付すれば特許権が得られます。このことを「特許権をとる」といいますが、「特許をとる」ともいいます。しかし、審査官が特許査定をだすことを「特許する」とはいうものの、「特許権する」とはいいません。また、特許出願することを「特許をだす」とはいいますが、「特許権をだす」とはいいません。

このように区別しにくいので、特許と特許権の意味の違いについては、あまりこだわらなくてよいと思います。

1-3 特許出願から特許権がとれるまでの流れ

特許出願してから特許権がとれるまでには、いくつかの手続きを行う必要があります。また、特許出願してから特許権がとれるまでには、通常、数年の期間がかかります。ここでは特許出願から特許権がとれるまでの流れを説明します。この流れを知っておくことは非常に重要ですので、たびたび確認して頂くとよいと思います。

特許出願から特許権がとれるまでの流れ

特許出願から特許権がとれるまでの流れは次の図1-3に示す通りです。なお、この図に示す流れは典型例であって、必ずしもこのようになるとは限りません。

①特許出願

特許庁へ出願書類（願書、明細書、特許請求の範囲および要約書、そして必要ならば図面）を提出します。

②出願公開

特許出願すると、出願した日から１年６月経過後に特許出願書類の内容が公開されます（☞7）。このように**出願公開**されると特許情報プラットフォーム（J-PlatPat）（https://www.j-platpat.inpit.go.jp/web/all/top/BTmTopPage）から、誰でもその内容を見ることができるようになります。出願公開は特許庁が行いますので、特許出願人は何もやる必要はありません。

③出願審査請求

特許出願した日から３年以内に、特許庁に対して**出願審査請求**を行うことができます（☞8）。

出願審査請求とは、特許出願人が「この発明について特許を与えてくれるか否かを審査してください」と特許庁へ請求することです。この出願審査請求を行わないと、特許出願は取り下げたものとみなされます。つまり、出願審査請求をしないと、特許出願を捨てたことと同じになります。

特許出願から特許権がとれるまでの流れ（1-3）

出願人の手続き
特許庁の手続き

①特許出願
↓
②出願公開
↓
③出願審査請求
↓
④拒絶理由通知（または④⑤特許査定へ）
↓
意見書・補正書の提出
↓
⑤拒絶査定（または④⑤特許査定へ）

④⑤特許査定
↓
特許料の納付
(第1～3年分)
↓
特許権の設定登録
↓
特許料の納付
(第4年目以降)

⑤拒絶査定
↓
⑥拒絶査定不服審判の請求
↓
⑦特許審決（→特許料の納付(第1～3年分)へ）
⑦拒絶審決
↓
⑧⑨裁判所

出願審査請求を行うためには審査のための費用を特許庁へ払う必要があります。この費用は比較的高く、15万円くらいを支払います（☞9）。

なお、3年以内ですから、出願した日でも出願審査請求を行うことが可能です。原則的に特許庁内での審査は、出願審査請求が行われた順に行いますので、早く出願審査請求をすれば、早く特許権が成立する可能性が高くなります。

④拒絶理由通知または特許査定

上記③の出願審査請求を行うと、特許庁から**拒絶理由通知書**または**特許査定**がきます（☞10）。ただし非常に多くの場合、拒絶理由通知書がきます。拒絶理由通知書には特許査定をださない（特許権を与えない）と審査官が判断する理由が記載されています。

特許出願人はこれに対して反論することができます。この反論は意見書を提出して行います。

また、特許出願人は拒絶理由通知書の内容が妥当と思う場合、特許請求の範囲の記載を変更することができます（☞11）。このような変更を**補正**といいます。補正については後に詳しく説明します。

⑤拒絶査定または特許査定

拒絶理由通知に対して意見書や補正書を提出して拒絶理由が解消すれば、めでたく特許査定となります。しかし、拒絶理由が解消しない場合は**拒絶査定**がなされます。

なお、一昔前までは1度目の拒絶理由通知書（最初の拒絶理由通知書）がきて補正等を行った後、2度目の拒絶理由通知書（最後の拒絶理由通知書）がきて、その後に補正等を行ってもダメな場合に拒絶査定がくることが多かったのですが、最近では1度目の拒絶理由通知書がきて、それに対して補正等を行ってもダメなら、2度目の拒絶理由通知書はこないで拒絶査定となることが多いです。したがって、1度目の拒絶理由通知書がきた場合、2度目の拒絶理由通知書はこないと考えて、特許がとれるような補正をしっかり考えたうえでそれを記載した補正書を提出すべきです。

特許査定がでた場合は、その後、**特許料**を支払うと特許権の設定登録がなされます。特許査定がでても特許料を支払わないと、原則として特許権は得られませんので注意が必要です。後述する**特許審決**がでた場合も同様です。また、特許権を得た後も特許権を維持するためには特許料を支払う必要があります。

⑥拒絶査定不服審判

上記⑤の拒絶査定に納得できない場合、**拒絶査定不服審判**を請求することができます。

拒絶査定不服審判は**審査官**ではなく、**審判官**が行います。それも３人または５人が話し合いながら行います。つまり、判断する人が審査段階とは変わりますので、審査段階では拒絶となっていたものが意外とあっさりと特許されることもあります。

なお、この拒絶査定不服審判を行うときに特許請求の範囲や明細書を補正することができるのですが、補正すると**前置審査**という審査になり、拒絶査定をだした審査官が、もう１度、審査します（☞12）。

前置審査を行っても拒絶理由が解消しない場合は、拒絶査定不服審判が始まります。

また、拒絶査定不服審判において、さらに拒絶理由通知がなされる場合もあります。この場合、さらに意見書や補正書を提出することができます。

⑦拒絶審決または特許審決

３人または５人の審判官が話合いながら考えても「やっぱり拒絶」という結論がでることがあります。これが**拒絶審決**です。

逆に「審査官の判断は間違っていたから、特許にする」と判断される場合もあります。これが**特許審決**です。

⑧審決取消訴訟

上記⑦の拒絶審決に納得できない場合、裁判所に訴えることできます。これが**審決取消訴訟**です。

⑨最高裁判所

上記⑧の審決取消訴訟で負けた場合、不服なら最高裁判所に訴えることができます。

1-4 発明してから特許権がとれるまでに発明者がすべきこと

特許出願から特許権がとれるまでの流れについてはすでに説明したとおりですが、発明が完成してから特許権がとれるまでの間に、発明者である技術者・研究者は何をするべきでしょうか？　特許出願が完了したら終わりというわけではありません。その後もいろいろとやらなければならないことがあります。

発明者が行うべきことの流れ

発明してから特許権がとれるまでの流れの中で、発明者が行うべきことについて図1-4を用いて説明します。なお、次の図1-4に示す流れは典型例であって、必ずしもこのようになるとは限りません。

また、図1-4に示すように、いくつかのタイミングで特許査定または特許審決がでる可能性がありますが、特許査定または特許審決がでた後は特許料を支払うだけですので、通常は発明者である技術者・研究者の方が行うべきことはなくなります。

①特許出願を行うべき日の確認

初めに、その発明について実施や公開の予定があるなら、それがいつなのかを確認してください。たとえば、その発明に関する製品を販売する予定があるなら販売日、お客様に説明する予定があるなら説明する日、学会などで発表する場合は発表日（または予稿集の頒布日）を確認します。発明の**新規性**がなくならないように、販売日やお客様に説明する日等よりも前に特許出願しなければなりませんので、期限を確認することが必要です。

なお、特許事務所へ依頼して特許出願を行う場合、特許事務所へ発明内容を伝えてから実際に特許庁への出願が完了するまでに、通常、早くても1～2か月くらいはかかります。したがって、ある程度の余裕をもって依頼したほうがよいと思います。

②先行技術調査

次に自分が創作した発明（以下「本発明」といいます）と同じ発明、または類似する発明が過去に出願されているか否かを調査してください。この調査を**先行技術調**

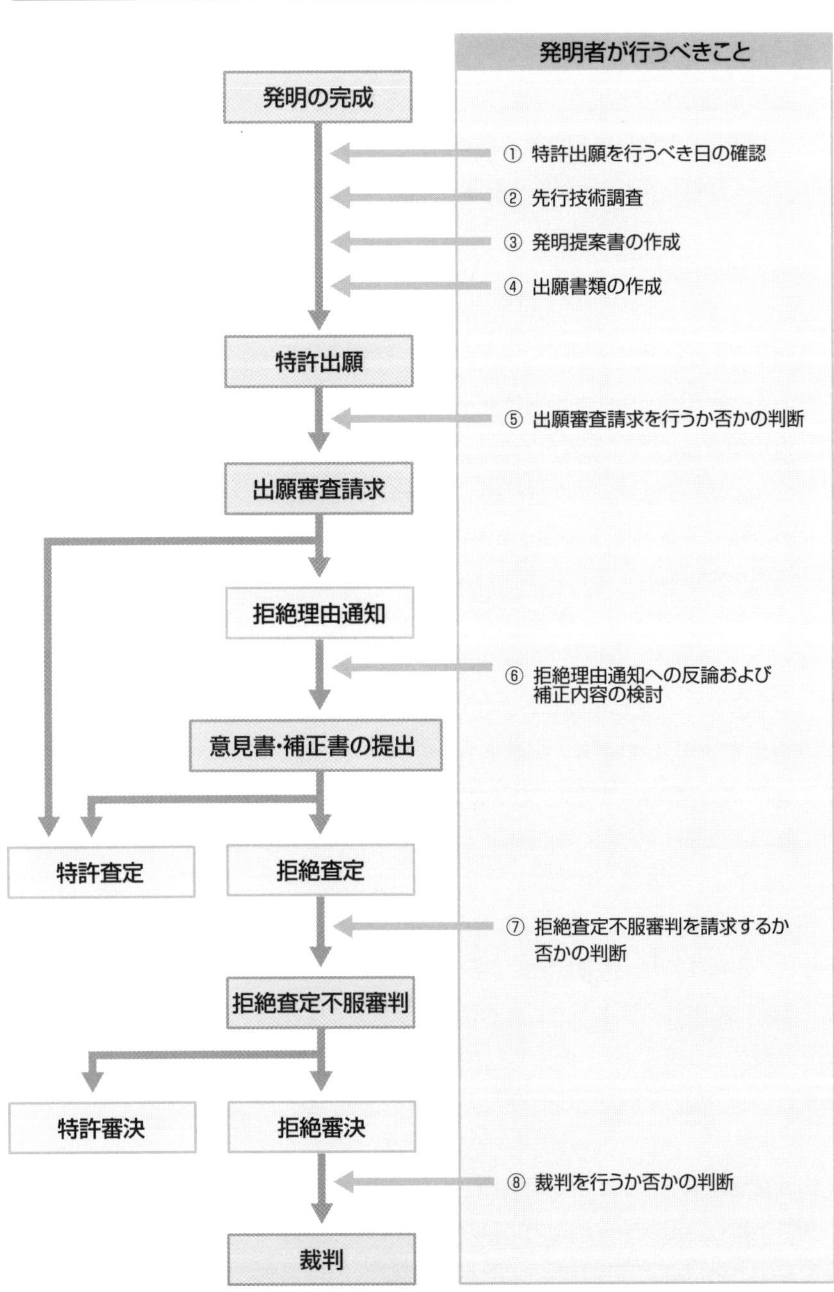
発明者が行うべきことの流れ（1-4）
発明者が行うべきこと
発明の完成
① 特許出願を行うべき日の確認
② 先行技術調査
③ 発明提案書の作成
④ 出願書類の作成
特許出願
⑤ 出願審査請求を行うか否かの判断
出願審査請求
拒絶理由通知
⑥ 拒絶理由通知への反論および補正内容の検討
意見書・補正書の提出
特許査定
拒絶査定
⑦ 拒絶査定不服審判を請求するか否かの判断
拒絶査定不服審判
特許審決
拒絶審決
⑧ 裁判を行うか否かの判断
裁判

査とか**従来技術調査**といいます。具体的な方法については後に説明します。

③発明提案書の作成

先行技術調査を行ったら、次に**発明提案書**を作成してください。この発明提案書には、本発明の内容や先行技術の調査結果、先行技術と本発明とを比較した結果などについて記載します。具体的な記載方法については後に説明します。

④出願書類の作成

発明提案書を作成したら、それに基づいて特許出願書類を作成します。出願書類の種類や各々の書類に記載すべきことについては後に説明します。

なお、出願書類の作成を特許事務所へ依頼した場合は、特許事務所の弁理士が作成した出願書類の内容を必ずチェックして、内容に問題がないことを確認した後に特許庁へ出願してください。「弁理士は特許の専門家なんだから、任せておけば大丈夫だろう。」と考えてほとんどチェックをしない方がいますが、その弁理士がその発明の技術分野に詳しいとは限りません。勘違いして間違った発明内容を記載している場合がありますので、必ずチェックすべきです。

また、出願書類は技術的な面の他にも、会社の経営方針や事業戦略に合っているかという面からもチェックする必要があります（☞13）。技術的な面からのチェックは発明者である技術者・研究者が行いますが、会社の経営方針等を考慮したチェックは知的財産部や特許室のような部署が担当するのが通常です。しかし、会社にこのような部署がない場合は、それがわかる人（たとえば経営者）が、そのような面からチェックするべきです。

特許出願書類が完成したら特許庁へ出願します。出願方法としてはインターネット経由で出願するか、書面で出願（郵送または特許庁の窓口へ提出）するかになります。書面での出願ですと特許出願費用（印紙代）の他に電子化手数料を特許庁へ支払う必要があります。インターネット経由ですと電子化手数料は必要ないのですが、事前にいくつかの手続が必要になります。

⑤出願審査請求を行うか否かの判断

特許出願した日から３年以内に特許庁へ**出願審査請求**をして特許庁で審査してもらわないと特許はとれません。出願審査請求を行う場合は、特許庁へ審査のための費用（印紙代）を支払います。

しかし、この費用は比較的高いです（おおむね15万円）。したがって何らかの理由で特許をとらなくてよい場合、出願審査請求をしないのも１つの有効な手段です。たとえば「これは素晴らしい発明だ！」と思って特許出願したものの、出願してから2、3年経過してみると素晴らしい発明とはいえなくなっており、かつ、今後、自社ではその技術分野での事業展開は絶対にないというような場合があります。このような場合は出願審査請求をしなくてもよいと思います。

一方で、「自社での事業展開はないが、成長するかもしれない技術分野だな」と判断できるなら、特許権をとっておくことでライセンス料を得られるかもしれないので出願審査請求をしてもよいでしょう。

このような判断は発明者だけの仕事ではありませんので、知的財産部、特許室等の部署の方や経営者等とよく話合って判断しましょう。

⑥拒絶理由通知への反論および補正内容の検討

出願審査請求を行うと、しばらくしてから**特許査定**または**拒絶理由通知書**がきます。拒絶理由通知書がきた場合、発明者は拒絶理由通知書の内容と引用文献をよく読んで、審査官がいっていること（拒絶理由通知書に記載されている拒絶と判断する理由）が正しいか否かについて検討してください。審査官がいっていることが間違っている場合、間違っている旨を意見書に書いて特許庁へ提出します。一方、審査官がいっていることが正しい場合、特許請求の範囲を補正して、審査官が指摘する拒絶理由を回避する必要があります。

なお、補正した後の特許請求の範囲が現在または今後、自社において実施する範囲となるようにしましょう。そうしないと、その後に特許権がとれたとしても、あまり意味のない特許権になってしまう可能性があります。

⑦拒絶査定不服審判を請求するか否かの判断

拒絶理由通知に対して反論するために意見書と補正書を提出しても、審査官の判断をくつがえすことができなければ**拒絶査定**がでます。これがでた場合、さらに**拒絶査定不服審判**を請求するか否かを判断します。

ここでは拒絶査定不服審判を請求するだけの価値が有るか無いかを考えることになります。つまり、請求すれば特許がとれる可能性が生じる一方で、特許庁へ費用を支払ったうえで、どのような反論を行うか相当な労力を払って考えなければならなくなります。それだけの費用、時間および労力を払って特許をとるために努力するだけの価値がある発明かを考えて判断する必要があります。

これについても、出願審査請求の場合と同様、知的財産部、特許室等の部署の方や経営者等とよく話合って判断すべきでしょう。

⑧裁判を行うか否かの判断

裁判についても拒絶査定不服審判を請求するか否かの判断の場合と同様です。費用や労力等を含めトータルで考え、経営者等とよく話合って判断すべきです。

1-5 特許権がとれても安心できない？

特許出願しても特許権がとれるとは限りません。また、特許権がとれたとしても、特許出願してから特許権がとれるまでには相当な時間、労力、費用がかかります。したがって特許権がとれた場合はとても嬉しいものです。しかし油断してはいけません。特許権がとれた後、特許権が消滅してしまう場合があります。

特許料（年金）を支払いましょう

特許査定がでたならば30日以内に３年分の**特許料**を支払います。そうしないと特許権はとれません。つまり、特許査定がでても、喜びすぎて特許料を支払わないと特許権は得られないのです。まず、ここに注意が必要です。

次に、特許権がとれた後、特許権を維持するためには特許庁へ特許料を支払う必要があります。特許料は年ごとに支払います。また、特許料は数年分を一度に払うこともできます。第４年以降の分の特許料のことを俗に**年金**ともいいます。

たとえば５年分の特許料を特許庁へ支払うと特許権を５年間保有することができるのですが、さらに６年目以降の特許料を支払わない限り、５年間が経過した時点で特許権は消滅してしまいます（☞14）。よって、特許権を維持したい場合は、忘れずに特許料を納付する必要があります。

特許料（1-5）

各年の区分	金額	(参考)仮に請求項が5個であった場合
第1年～第3年まで	毎年4,300円に1請求項につき300円を加えた額	1年あたり5,800円
第4年～第6年まで	毎年10,300円に1請求項につき800円を加えた額	1年あたり14,300円
第7年～第9年まで	毎年24,800円に1請求項につき1,900円を加えた額	1年あたり34,300円
第10年以降	毎年59,400円に1請求項につき4,600円を加えた額	1年あたり82,400円

また、特許料は特許権を維持する年月が長くなるほど、だんだんと高額になっていきます。よって特許権をとったものの、あまり役立たないと判断されるものは捨てることも考える必要があります。

特許料の計算方法を表1-5に示しますが、この表を見ると特に第10年以降の特許料が高くなっていることがわかります。したがって、特許権をとって9年が経過したならば、これ以上、特許権を維持する必要があるか否かについて、特によく考える必要があります。「これ以上、特許権を維持する必要はない。費用対効果が悪い。」と判断できるなら、特許料の支払いをやめてもよいでしょう。

なお、この表に示す計算方法は変更される場合がありますので、必要に応じて特許庁のHP等を見て確認してください。

● 他人に攻撃されて特許権が消滅してしまう場合がある

特許権は特許庁の審査官が「新規性や進歩性等の特許性を有するものである」と判断したものだけに与えられます（☞15）。特許庁の審査官は特許の専門家ですから、通常、その判断は正しく行われます。

しかしながら審査官も人間ですので、本当は特許性を有しないのに間違って特許権を与えてしまう場合があります。

ある特許権が成立したものの、特許権者以外の者がその内容について「これは間違って成立した特許権だ。こんな特許は無効だ」と考えた場合、その者はすでに成立している特許権について、特許庁へ特許を無効にすべきとの請求をすることができます。このような請求がなされると特許庁において**特許無効審判**が行われ、特許が無効か否かについて審理がなされます（☞16）。そして、特許庁の審判官（☞17）が審理した結果、特許は無効であると判断されれば、特許権は消滅してしまいます（☞18）。

もし、自分が特許権者（または会社が特許権者で自分が発明者）である特許権について、たとえば競合他社から特許無効審判が請求されたら、あわてずに競合他社が無効を主張する理由を確認しましょう。その理由が妥当でない場合があります。また、その理由が妥当であったとしても、特許発明の内容を修正することで無効を回避できる場合もあります。

なお、上記のように自分の特許権について特許無効審判が請求されたら、喜んでよいと思います。無効審判を請求するためには比較的高い費用と労力が必要となりますので、特許無効審判を請求する側からすると、自社の事業を行う上でどうしても障害になる特許についてのみ特許無効審判を請求するのが通常です。「この特許は無効理由があるな」と思っても、自社の事業を行ううえで障害にならなければ、通常は無効審判を請求せずに放置しておきます。つまり、特許無効審判を請求されるということは、それだけ競合他社の事業展開を妨害していることになり、逆にいえば自社の事業展開の促進に役立っていることになるのです。

また、上記のように特許無効審判を行うためには費用と労力がかかりますので、特許を無効にしたい者からすると、特許無効審判を請求するよりも、ある程度の費用を特許権者に支払ってライセンスを受けたほうが安く済むと判断する場合もあります。この場合、特許権者からすると間違って成立してしまった特許権によって、競合他社からライセンス料を得ることができてしまうことになります。

技術者・研究者としては、特許無効審判を請求されるような特許をとるということが、１つの目標になるといってもよいと思います。

整理番号：○○○　発送番号：○○○○○○　発送日：平成○○年○月○日

特許査定

特許出願の番号	特願○○○○-○○○○○○
起案日	平成○○年 ○月 ○日
特許庁審査官	○○○○
発明の名称	○○○○○○○○○○
請求項の数	1
特許出願人	○○○○○○○○(○○○)
代理人	○○○○

この出願については、拒絶の理由を発見しないから、特許査定をします。

上記はファイルに記録されている事項と相違ないことを認証する。

認証日　平成○○年 ○月○日　経済産業事務官 ○○○○

注意：この書面を受け取った日から30日以内に特許料の納付が必要です。

1-6 特許権の侵害とは？

ある発明について特許権が成立すると、原則として特許権者のみがその発明を実施することができ、それ以外の者は実施することができません。もし特許権者以外の者がその発明を実施すれば特許権を侵害していることなり、特許権者から差止や損害賠償を請求されてしまいます。それでは特許権を侵害しているか否かはどのように判断するのでしょうか？

侵害か否かの判断はかなり難しい

特許権を侵害しているか否かの判断はどのように行うのでしょうか？　この判断はとても難しいです。

「発明を構成要件に分けていって、すべての構成要件について実施していたら侵害になるんだよ」とおっしゃられる方は、かなり特許を知っている方です。

しかしながら、これは間違いではありませんが、特許権の侵害の態様の１つを挙げているに過ぎないのです。特許権の侵害には次に説明する３つの態様があります。

侵害の３態様

特許権の侵害は**直接侵害**と**間接侵害**の２つに分類されます。また、直接侵害は、さらに**文言侵害**と**均等侵害**の２つに分類されます。

よって、特許侵害は、文言侵害、間接侵害、均等侵害の３つの種類に分類されます。

侵害の分類（３態様）（1-6）

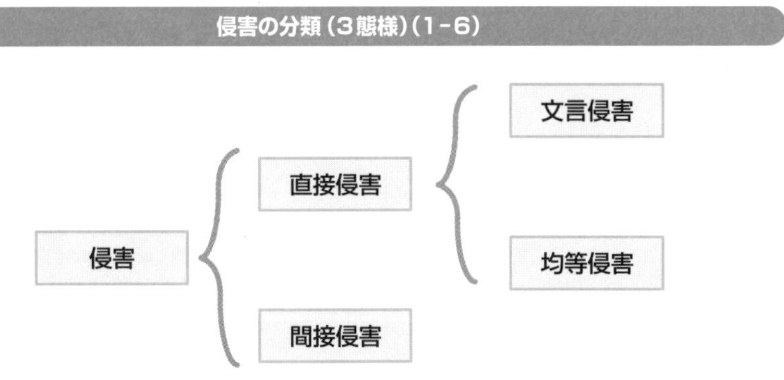

①文言侵害

特許請求の範囲（請求項）に記載の発明を構成要件に分けていって、すべての構成要件について実施していたら**文言侵害**となります。

たとえば、次のような発明（請求項1）について特許権が成立しているとします。

【請求項1】
成分αを10～20質量%含む鋼板の表面に銅製の被膜が付いている被膜付き鋼板。

これを構成要件に分けていくと、次のように構成要件1～3に分けられます（なお、分け方に決まりはありません）。

【請求項1】	
構成要件1	成分αを10～20質量%含む鋼板の表面に
構成要件2	銅製の被膜が付いている
構成要件3	被膜付き鋼板。

そして、特許権者でないA氏が実施（製造販売等）していたものが、次の鋼板Aであったとします。

【鋼板A】
成分αを15質量%含む鋼板の表面に銅製の被膜が付いている被膜付き鋼板。

この【鋼板A】の製造販売等が、【請求項1】の構成要件1～3のすべてを実施しているかを検討します。

【鋼板A】	
成分αを15質量%含む鋼板の表面に	…………構成要件1に該当する。
銅製の被膜が付いている	…………構成要件2に該当する。
被膜付き鋼板。	…………構成要件3に該当する。

この場合、【鋼板A】の製造販売等は【請求項1】が備えるすべての構成要件について実施していることになります。よって、A氏は上記の【請求項1】についての特許権を文言侵害していることになります。

これに対して、特許権者でないB氏が実施（製造販売等）していたものが、次の鋼板Bであったとします。

【鋼板B】
成分αを15質量%含む鋼板の表面にアルミニウム製の被膜が付いている被膜付き鋼板。

この【鋼板B】の製造販売等が、【請求項1】の構成要件1〜3のすべてを実施しているかを検討します。

【鋼板B】	
成分αを15質量%含む鋼板の表面に	…………構成要件1に該当する。
アルミニウム製の被膜が付いている	…………構成要件2とは異なる。
被膜付き鋼板。	…………構成要件3に該当する。

この場合、【鋼板B】の製造販売等は【請求項1】が備える一部の構成要件については実施しているものの、すべての構成要件については実施していません。よって、B氏は上記の【請求項1】についての特許権を文言侵害していません。

②間接侵害

間接侵害とは、侵害の一歩手前の行為のことです。具体的には、たとえば「テレビ」について特許権があるときに、組み立てればそのテレビが完成する「テレビ組立セット」を販売する行為が該当します（☞19）。

③均等侵害

均等侵害とは、簡単にいうと特許権の範囲を少し拡張して「文言侵害ではないものを侵害とみなしてしまう」というものです。これは特許法には規定されていませんが、過去の裁判において、この均等侵害に基づく特許権侵害が複数認められています。

たとえば、塗料会社Cが「成分βを5.0～10.0%含む塗料」という特許権を有しており、競合他社Dが「成分βを10.1%含む塗料」を販売していた場合、均等侵害を考慮しなければ（文言侵害か否かだけで判断すれば）、D社はC社の特許権を侵害していません（文言侵害とはなりません）。

しかし、0.1%だけ特許権の範囲から外しただけなのにD社は侵害ではないとすると、C社はかなり気の毒です。また、C社の特許権をギリギリでかわして製造販売して儲けようというD社の行為は、正当とはいえないでしょう。

そこで、「ある一定の条件」を満たした場合、「D社は、C社の特許権の範囲と均等の範囲において実施しており、D社はC社の特許権を侵害している」と考えるのです（すなわち、C社の特許権の範囲を少し拡張する）（☞20）。

これが均等侵害です。

なお、均等侵害か否かの判断基準（上記の「ある一定の条件」）が何かについて知りたい方は、専門家のための書籍を参照してください。均等侵害や均等論について説明されている書籍はたくさんありますが、たとえば参考文献(2)は比較的わかりやすいと思います（ただし特許の専門家でない方は深入りしないことをおすすめします）。

COLUMN 特許がとれても独占実施できない特殊なケース

ある発明について特許権が成立していると、その特許権者のみがその発明を実施することができ、それ以外の者は実施することができないのが原則です。

しかし、その特許権の発明が**利用発明**に該当する場合、その特許権者は利用発明を自由に実施することはできません。

利用発明について、図を用いて説明します。

図1-7に示すように、範囲が広い発明aについて特許権Aが成立していて、その範囲内に、範囲が狭い発明bについての特許権Bが成立しているとします。この場合、発明bを実施しようとすると、必ず発明aを実施することになります。発明bは発明aを利用する発明なので利用発明と呼ばれます。

さて、このような状態で特許権Aと特許権Bが成立している場合、発明bについて独占的に実施する権利を有する者は誰でしょうか？　つまり、発明bの範囲内は誰が実施できるのでしょうか？

原則から考えると、特許権Bの所有者（B氏とします）は発明bを独占して実施できるように思えるのですが、発明bは発明aの範囲内であるため、発明bの実施は同時に発明aの実施を意味し、特許権Aを必ず侵害することになってしまいます。したがって、B氏であっても発明bは実施できないことになります。

それでは、発明bは特許権Aの所有者（A氏とします）が実施できるのでしょうか？

発明bは発明aに含まれておりA氏は発明aを独占して実施できるはずなので、発明bを実施できるようにも思えます。しかし、A氏が発明bを実施すると特許権Bの侵害となりますので、A氏も実施できないことになります。

そうすると、結局、発明bの範囲はA氏もB氏も実施できないことになります。当然ですが、A氏およびB氏以外の者も実施できませんので、発明bは誰も実施できないことになります。

利用発明について（1-7）

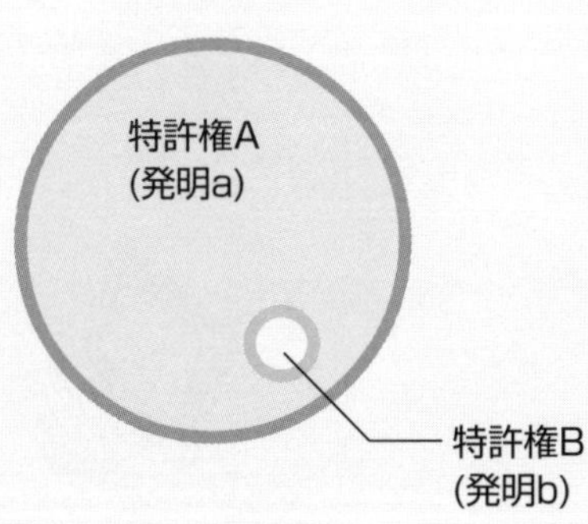

このように発明bは誰も実施できないわけですが、発明bが優れた発明であった場合、A氏もB氏も発明bを実施したくなります。このような場合、通常、A氏とB氏は**クロスライセンス**を結びます。クロスライセンスでは多くの場合、B氏が発明aを実施してもよい代わりに、A氏も発明bを実施してよいことにします。このようにすることで、発明bの範囲を含む発明aの範囲について、A氏とB氏は実施できるようになります。

ところで、そもそも図1-7に示すように、特許権Aに含まれる特許権Bが成立するのは、どのような場合でしょうか？　これは図1-8に示すように特許権Aの特許出願が先で、特許権Bの特許出願が後の場合のみです。B氏にしてみると、研究開発でA氏に負けて先に出願されてしまったのに、後から狭い特許権をとることでA氏の発明aを自由に実施できるようになったわけです。つまり、B氏は特許制度をうまく利用して、研究開発の遅れを挽回できたことになります。

なお、利用発明の趣旨等やクロスライセンスについて詳しく知りたい方は、参考文献（1）の第72条、第92条の解説を参照してください。また、例外については3-14の選択発明についての説明を参照して下さい。

利用発明が権利化できる場合（1-8）

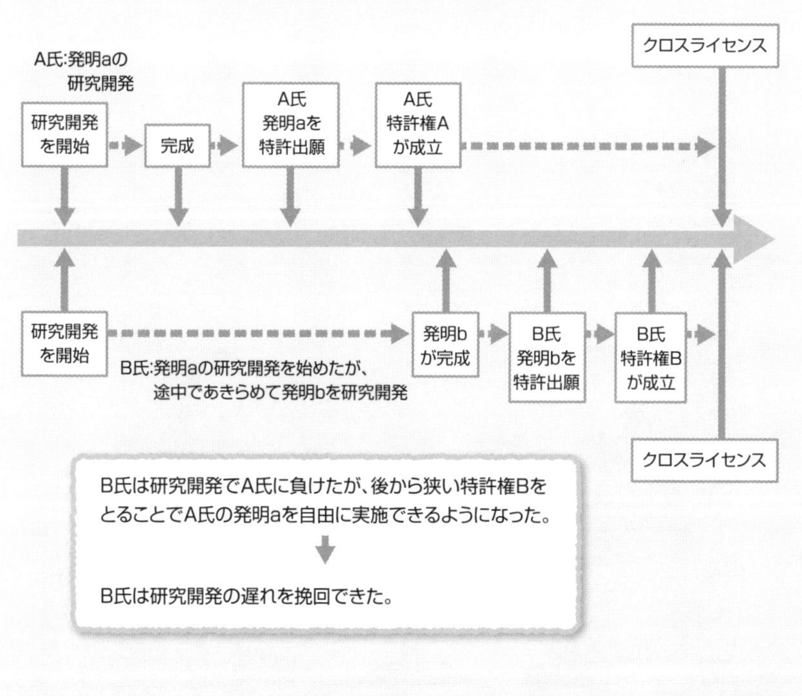

第 2 章

どのような発明であれば特許をとれるのか？

特許がとれるための条件を特許要件といいます。特許要件を把握して、どのような発明であれば特許をとれるのか知っておきましょう。ただし特許要件はたくさんありますので、すべてを把握する必要はありません。技術者・研究者の方は代表的な特許要件を知っておくだけでも、特許業務を格段に進めやすくなるはずです。たとえば発明が完成した時点で特許をとれるか否かをおおむね判断して、とれる可能性がある場合のみ、特許出願の準備を始めることもできるでしょう。

2-1 特許庁における審査

特許庁に対して出願審査請求がなされると、特許庁はその発明が特許要件のすべてを満たしているかを審査します。審査は特許庁の審査官が行います。特許要件はかなりたくさんありますので、技術者・研究者の方は、まずは主要なものだけを理解してください。

どのような発明であれば特許をとれることになっているのか？

特許法にはどのような発明について特許を与えるのか、すなわち特許要件が定められています。また、特許要件は複数あり、それらのすべてを満たしていれば特許を与え、逆に、それらの中の1つでも満たしていなければ特許は与えられないことになっています。また、特許要件のすべてを満たしている発明を「特許性を有している発明」といい、特許要件の1つでも満たしていない発明を「特許性がない発明」といいます。

特許要件はたくさんある

表2-1に特許要件を列挙します（☞21）。たくさんありますので、ここでは「こんなものがあるのか」という程度に知っていただければ十分です。

このように特許要件はたくさんありますので、すべての特許要件の内容を理解して、実際の具体的な発明について特許要件の有無を判断するには相当な知識と経験が必要になります。したがって、特許の専門家ではない技術者・研究者の方はすべての特許要件を理解する必要はなく、主なものの概略を理解していただければ十分と思います。

本書では主な特許要件として、発明であること、新規性があること、進歩性があること、実施可能要件を満たすこと、特許請求の範囲の記載要件を満たすことを挙げて、これらの判断方法について、次節以降に説明します。

特許要件（2－1）

特許要件	条文番号
補正要件を満たすこと	第17条の2第3項，第4項
外国人の場合、権利の享有規定を満たしていること	第25条
発明であること	第29条第1項柱書
産業上利用が可能なこと	第29条第1項柱書
新規性があること	第29条第1項
進歩性があること	第29条第2項
拡大された先願の地位を有すること	第29条の2
公序良俗違反でないこと	第32条
共同出願の規定に反しないこと	第38条
先願であること	第39条第1項～第4項
条約の規定を満たすこと	第49条第3号
実施可能要件を満たすこと	第36条第4項第1号
特許請求の範囲の記載要件を満たすこと	第36条第6項第1号～第4号
発明の単一性を備えること	第37条
先行技術情報を開示していること	第36条第4項第2号
外国語書面出願である場合は特定要件を満たすこと	第49条第6号
冒認出願でないこと	第49条第7号

2-2 発明であること

たくさんある特許要件の中の１つに「発明であること」という要件があります。当たり前のように思うかもしれませんが、そもそも発明とは何かということを理解することが難しいので、「発明であること」の意味を理解することも意外に難しいと思います。

発明とは何か？

特許は発明に対して与えられるものですので、発明ではないものについて特許は与えられません。これは当たり前のことのように思えます。しかし、「発明」とは何でしょうか？

「よいアイデアのことでしょ」とか、「新しい創作で役立つもの」とかいう方がおられますが、これらは間違っているとはいえないものの正しいともいえません。よいアイデアや新しい創作であっても、発明には該当しない場合があります。

「発明とは何か？」という質問に対する回答は意外と難しく、これについて厳密に理解しようとすると、かなり大変です（☞22）。したがって、あまり深入りはせずに、次の２点についてのみ知っていただければ十分です。

自然法則を利用していること

発明に該当するためには「自然法則を利用していること」が必要になります。よって、人為的な取り決め、経済学上の法則、心理現象に基づく法則などは発明には該当しません。具体的には、たとえば広告の効果が大きい広告方法などは、通常、自然法則を利用していないので発明ではないと考えられます。また、自然法則に反するものは自然法則を利用していないとみなされます。たとえば永久機関は自然法則に反するものですので、自然法則を利用していないと考えられます。

ただし、自然法則を利用していれば、その法則性の理論的説明ができなくても発明としての要件は満たします。たとえば、「理論的にはよくわからないけれど、こうやったらうまくできてしまった。」というような場合でも、それは発明であり得るし、特許がとれる可能性があります。

自然法則を利用？（2-2）

発明に該当しうるもの	自然法則を利用しているもの	(例)理論的説明はできないが効果を奏するもの
発明に該当しないもの	自然法則を利用していないもの	(例)人為的な取り決め、経済学上の法則、心理現象に基づく法則など
	自然法則に反するもの	(例)永久機関

技術的思想であること

発明に該当するためには「技術的思想」であることが必要になります。また、ここで「技術」とは「知識として他人に伝達できる客観性のあるもの」（参考文献（3）P56）と考えられ、技能とは異なります。技能とは「個人の熟練によって到達できるもの」（参考文献（3）P56）のことで、たとえばフォークボールの投げ方が挙げられます。プロ野球の選手にフォークボールの投げ方を教えてもらっても、その通りに投げられるようになるには、相当の練習をして熟練を積む必要があります。つまり、フォークボールの投げ方は技術ではなく技能であるので、発明には該当しないということになります。

技術的思想か？（2-3）

発明に該当しうるもの	技術的思想
発明に該当しないもの	技能(例:フォークボールの投げ方)

2-3 新規性があること

「新規性があること」とは、簡単にいえば「新しいこと」ですが、何をもって「新しい」と判断するのでしょうか？ ちなみに、特許出願のための打ち合わせをすると「この発明品と同じ商品を販売しているのを見たことがないから、この発明は新規性がありますよ。」とおっしゃる発明者の方がいますが、この新規性の判断は間違っています。

新規性とは何か？

次に**新規性**について説明します。

新規性とは発明が新しいことです。従来において自分の発明と同じ発明が存在していた場合は新規性がないことになります。実際に商品などとして存在していなかったとしても、たとえば、自分が特許出願する前に公開された学術論文や公開特許公報に自分の発明と同じ発明が記載されていたら、従来において自分の発明と同じ発明が存在していたことになります。この場合、新規性がないことになります。

また、同じ発明について出願前に公の場で実施されていた場合も新規性がないとみなされます。

ここで注意しなければならないことは、出願前に他人によって公の場で実施されていた場合だけではなく、自分が実施した場合も、自分が出願しようとしている発明の新規性がなくなってしまうということです。

たとえば、道路を補修する方法について発明して、とてもいい方法だったので道路の工事で実際にやってみて、その後、特許出願したとします。この場合、自分で道路の工事をやったことで新規性がなくなっているので、特許出願した発明について特許はとれないことになります（☞23）。

このように自分で新規性をなくす行為をやってしまうことが多いので、注意してください。

その他、新規性がなくなる代表的な行為として、次のようなものが挙げられます。これらについても注意が必要です。

- 発明の内容をお客様にプレゼンテーションした（☞24）。
- 発明の内容を自社のホームページで公開した。
- 発明の内容を学術論文に発表した。

なお、新規性がなくなる行為を行っても例外的に新規性がなくなっていないとみなすことができる場合もあります。これについては3－1節「新規性喪失の例外」で説明します。

新規性の有無はどうやって判断するのか？

ここでは「特許庁の審査官が審査対象の発明について、特許出願前に公開された文献（学術論文や公開特許公報など）に記載の発明に基づいて、新規性の有無をどのように判断するのか」について説明します（☞25）。

以下の説明では審査対象の発明を「本発明」とします。また、本発明の特許出願前に公開された文献を「引用文献」とします。

新規性の判断方法は、次のようになります。

①本発明にもっとも近い発明が記載されている引用文献を１つ挙げます。そして、この引用文献に記載されている内容から、本発明にもっとも近い発明Ａを認定します。

②認定された発明Ａと本発明を対比します。

③そして、その２つが同じであるか、または本発明が上位概念（認定された発明Ａを含む概念）である場合、本発明は発明Ａに対して新規性がないと判断します。そうでない場合、つまり、２つの発明が同じではない場合、または本発明が下位概念である場合は、本発明は発明Ａに対して新規性があると判断します。

新規性の判断方法（2-4）

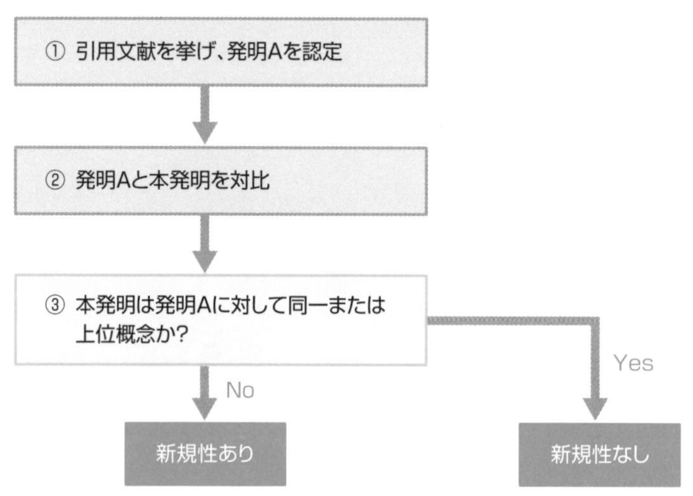

以下では、具体例を用いて説明します。

具体例

本発明は、次のような発明であるとします。

【本発明の内容】

アルミニウムを10〜50質量%含む鉄板の表面に有機樹脂からなる被膜が形成されている被膜付き鉄板。

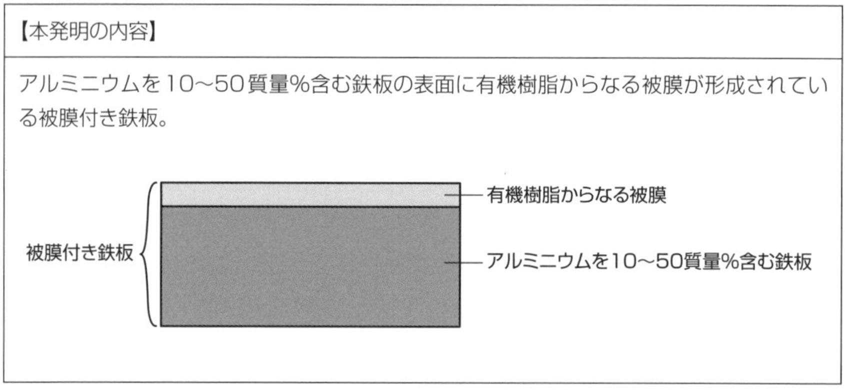

そして、引用文献（公開特許公報）には、次のように記載されているとします。

【引用文献の内容】

- 特許請求の範囲に「表面に被膜を有する、AlとFeを含む板」と記載されている。
- 明細書に「被膜はエポキシ樹脂からなることが好ましい」と記載されている。
- 明細書に「AlとFeを含む板において、Alの含有率は30質量%であるとよい」と記載されている。

よって、引用文献に記載されている内容から判断すると、本発明にもっとも近い発明Aを、次のように認定することができます（→図2-4の①に相当）。

【発明A】

アルミニウムを30質量%含む鉄板の表面にエポキシ樹脂からなる被膜が形成されている被膜付き鉄板。

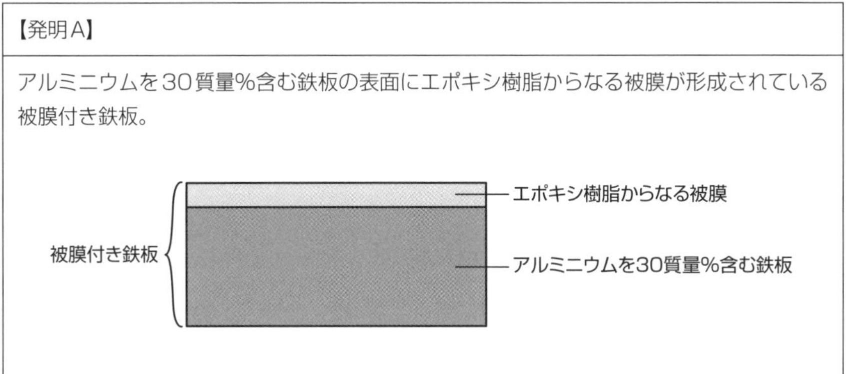

次に、認定された発明Aと本発明の構成要件を対比します（→図2-4の②に相当）。

そうすると、表2-5に示すように、本発明は発明Aに対して上位概念であることがわかります。

この場合、本発明は発明Aに対して新規性がないと判断します（→図2-4の③に相当）。

本発明と発明Aの対比（2-5）

本発明	発明A	対比
アルミニウムを10～50質量%含む鉄板	アルミニウムを30質量%含む鉄板	発明Aに対して本発明は上位概念
表面に有機樹脂からなる被膜が形成されている	表面にエポキシ樹脂からなる被膜が形成されている	発明Aに対して本発明は上位概念(エポキシ樹脂は有機樹脂に含まれる)
被膜付き鉄板	被膜付き鉄板	同じ

2-4 進歩性があること

「進歩性があること」は、特許要件の中でもっとも理解しにくいと思います。したがって、技術者・研究者の方はあまり深入りしなくてよいと思います。以下では進歩性判断のベースとなる考え方のみを説明しますが、この説明を理解していただければ十分です。なお、「市場の現行製品に対する改良」のことを進歩性と考えている方がいますが、特許においてはそのような意味ではないので注意してください。

進歩性とは何か？

進歩性とは「先行技術に基づいて当業者が容易に考え出すことができない程度」をいいます。したがって、進歩性がある発明とは、先行技術に基づいて当業者が容易に考え出すことができない発明となります。

しかしながら、容易に発明できるか否かはどのように判断するのでしょうか？

この判断について理解するにはかなりの労力と時間が必要ですので、以下ではある程度簡略化した進歩性判断方法について説明します。簡略化したものではなく完全版を知りたい方は、参考文献（4）特許・実用新案審査基準の第Ⅲ部第２章「新規性・進歩性」または参考文献（5）を参照してください。

進歩性の有無はどうやって判断するのか？

前節の新規性の判断の場合と同様に、ここでも「特許庁の審査官が本発明の出願前に公開された文献（学術論文や公開特許公報など）に記載の発明に基づいて、進歩性の有無をどのように判断するか」について説明します。新規性の説明と同様に、審査対象の発明を「本発明」とし、本発明の特許出願前に公開された文献を「引用文献」とします。

進歩性の判断方法は、次のようになります。

①本発明にもっとも近い発明が記載されている引用文献を１つ挙げます。ここでの引用文献を「引用文献１」とします。そして、この引用文献１に記載されている内

容から本発明にもっとも近い「発明A」を認定します。

②認定された発明Aと本発明を対比します。そして、2つの発明の一致点と相違点を明らかにします。なお、相違点がない場合、本発明は新規性がないことになりま

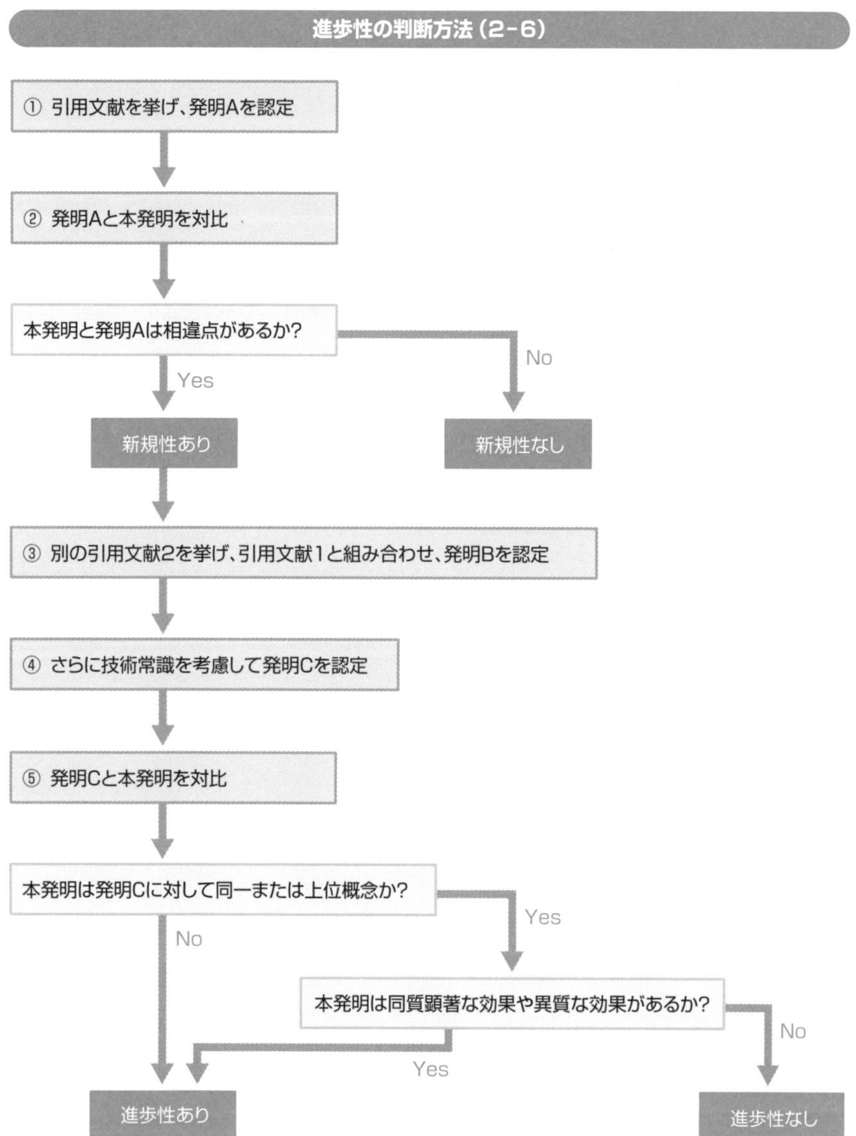

す。進歩性の判断は新規性がある発明について行いますので、この段階では相違点があることが、進歩性を判断する上での前提となります。

③次に、相違点について記載されている引用文献であって、引用文献1以外のもの（「引用文献2」とします）を挙げます。そして、引用文献1と引用文献2とを組み合わせることができるかを検討し、組み合わせることができる場合は、引用文献1と引用文献2を組み合わせてなる（合体してなる）仮想の引用文献3に記載の「発明B」を認定します。
なお、組み合わせることができない場合は、引用文献1および引用文献2に基づいて本発明の進歩性は否定されません。

④また、発明Bに対してさらに技術常識を考慮してなる「発明C」を認定し、この発明Cと本発明を対比します。

⑤そして、2つの発明が同じではない場合、または本発明が下位概念である場合は、本発明は進歩性があると判断します。そうでない場合、つまり、2つの発明が同じであるか、または本発明が上位概念（発明Cを含む概念）である場合、本発明は進歩性がないと判断します。ただし、本発明の効果が引用文献に記載の発明に対して同質顕著または異質である場合、本発明は進歩性があると判断します。

ここで①、②は新規性の場合と同じですので難しくないと思います。これに対して、③～⑤が理解しにくいと思います。

以下では、具体例を用いて説明します。

具体例

本発明は、次のような発明であるとします。

【本発明の内容】
鉄板の表面に被膜が形成された被膜付き鉄板であって、前記鉄板はアルミニウムを10～50質量％含み、残部が鉄であり、前記被膜は厚さが0.1～3μmであり、前記被膜は銅を90質量％以上含有している、被膜付き鉄板。

本発明の内容（2-7）

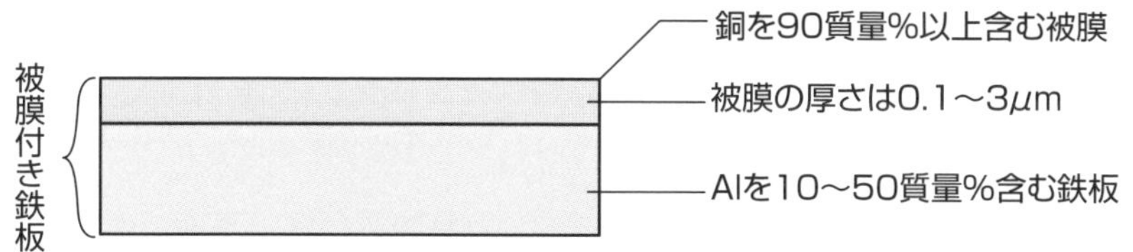

そして、引用文献1には、次のような発明Aが記載されているとします（図2-6の①に相当）。

【引用文献1に記載の発明Aの内容】
「アルミニウムを20質量%含み、鉄を80質量%含む鉄板」が記載されている。

次に発明Aと本発明の構成要件を対比します（→図2-6の②に相当）。

そうすると表2-8に示すように、本発明と発明Aは鉄板の成分について一致しているものの、その他については相違し、これらが相違点であることがわかります。

本発明と発明Aの対比（2-8）

本発明	発明A	対比
鉄板の表面に被膜が形成された被膜付き鉄板	鉄板	相違点(発明Aに対して本発明は下位概念)
鉄板はアルミニウムを10～50質量%含み、残部が鉄である	アルミニウムを20質量%含み、残部が鉄である鉄板	一致点(発明Aに対して本発明は上位概念)
被膜は厚さが0.1～3μm	なし	相違点
被膜は銅を90質量%以上含有している	なし	相違点

次に、相違点である被膜について記載されている引用文献2を挙げます。

引用文献2には次のような内容が記載されているとします。

【引用文献2に記載の内容】
「鉄板の表面に銅を95質量%含有する被膜が付いている被膜付き鉄板」が記載されている。

次に、引用文献１と引用文献２を組み合わせることができるかを検討します。

ここで、組み合わせることができるか否かは、技術分野の関連性、課題の共通性、作用・機能の共通性、引用発明の内容中の示唆といった観点を総合的に考慮して判断します。また、組み合わせることを阻害する何らかの理由があるかという観点も考慮します（☞26）。

阻害する理由としては、たとえば次のようなものが挙げられます。

> 阻害する理由の具体例（その１）
>
> 引用文献１に「この鉄板に銅を主成分とする被膜を形成すると、役に立たなくなる」と記載されている。
>
> ⇒引用文献１にこのように記載されていた場合、当業者であれば、「銅を主成分とする被膜」が記載されている引用文献２と引用文献１を組み合わせようとはしないと考えられます。

> 阻害する理由の具体例（その２）
>
> 引用文献２に、「鉄板はアルミニウムを含んでもよいが、５質量%以下でなければならない」と記載されている。
>
> ⇒引用文献２にこのように記載されていた場合、当業者であれば、「20質量%のアルミニウムを含む鉄板」が記載されている引用文献１と引用文献２を組み合わせようとはしないと考えられます。

引用文献１と引用文献２を組み合わせることを阻害する何らかの理由がある場合や、技術分野の関連性、課題の共通性、作用・機能の共通性、引用発明の内容中の示唆といった観点を総合的に考慮して引用文献１と引用文献２は組み合わせることができないと判断する場合、引用文献１および引用文献２によっては、本発明の進歩性が否定されないことになります。

引用文献１と引用文献２を組み合わせることができる場合、これらの文献を組み合わせてなる仮想の引用文献３を考えてみます。そうすると、引用文献３には、次の発明Bが示されていると考えられます（→図２-６の③に相当）。

【発明Bの内容】
鉄板の表面に被膜が形成された被膜付き鉄板であって、前記鉄板はアルミニウムを20質量%含み、残部が鉄であり、前記被膜は銅を95質量%含有している、被膜付き鉄板。

そして、さらに「鉄板の表面に1μm程度の金属製の被膜を付けること」が技術常識であったとします。

そうすると、この技術常識を考慮して、次の発明Cを認定することができます（→図2-6の④に相当）。

【発明Cの内容】
鉄板の表面に被膜が形成された被膜付き鉄板であって、前記鉄板はアルミニウムを20質量%含み、残部が鉄であり、前記被膜は厚さが1μm程度であり、前記被膜は銅を95質量%含有している、被膜付き鉄板。

次に発明Cと本発明を対比します（→図2-6の⑤に相当）。

本発明と発明Cの対比（2-9）

本発明	発明C	対比
鉄板の表面に被膜が形成された被膜付き鉄板	鉄板の表面に被膜が形成された被膜付き鉄板	一致点
鉄板はアルミニウムを10～50質量%含み、残部が鉄である	鉄板はアルミニウムを20質量%含み、残部が鉄である	一致点(発明Cに対して本発明は上位概念)
被膜は厚さが0.1～3μm	被膜は厚さが1μm程度	一致点(発明Cに対して本発明は上位概念)
被膜は銅を90質量%以上含有している	被膜は銅を95質量%含有している	一致点(発明Cに対して本発明は上位概念)

そうすると、表2-9に示すように発明Cに対して本発明は上位概念であることになります。この場合、本発明は引用文献に記載の発明に対して進歩性がないと判断します。

ただし、本発明の効果が引用文献に記載の発明に対して同質顕著または異質である場合、本発明は進歩性があると判断します。

たとえば、本発明の効果が「異常に硬くなる」ということだったとします。通常、鉄板は硬いものですが、引用文献1や2に記載の鉄板から予測できる硬度よりも、はるかに硬くなるとします。このような場合、**同質顕著な効果**があるとして、引用文献および技術常識から発明Cを認定できたとしても、本発明は進歩性を有すると判断します。

また、たとえば、本発明の効果が「不思議とバラの匂いがする」ということであったとします。被膜付き鉄板からバラの匂いがするならば、それは**異質な効果**であり、引用文献1や2に記載の鉄板からその効果を予測することはできないでしょう。この場合、引用文献および技術常識から発明Cを認定できたとしても、本発明は進歩性を有すると判断します。

進歩性の有無の判断は新規性があることが前提となる！

進歩性に関して、非常に多くの発明者の方が誤解されている点がありますので説明したいと思います。

私は特許出願についての依頼を受けると、通常、発明者の方と面談を行います。そして、発明者の方に発明内容について説明していただくのですが、その際、「この発明は○○という課題を解決する素晴らしい効果があるので、進歩性があると思っています。しかし、○○の文献にすでに記載されているので新規性はありません。」というようなことをいう方がいます。

つまり、この発明者の方は、新規性がないけれど進歩性があるから特許はとれるとおっしゃるわけです。しかし、これはあり得ません。進歩性があるか否かの判断は、新規性がある発明に対してなされるのであって、すでに先行技術文献に記載されていて新規性がない発明ならば、進歩性の有無の判断はするまでもなく特許はとれません。

この点について、非常に多くの発明者の方が誤解されているのでご注意ください。

COLUMN 「ニクノニ」とは？

特許要件の１つに**拡大された先願の地位を有すること**（第29条の2）というものがあります。条文番号が「29条の2」であることから、専門家の間では「ニクノニ」とも呼ばれています。

特許法第29条の2は次のように長い条文です。

「特許出願に係る発明が当該特許出願の日前の他の特許出願又は実用新案登録出願であって当該特許出願後に第66条第３項の規定により同項各号に掲げる事項を掲載した特許公報（以下「特許掲載公報」という）の発行若しくは出願公開又は実用新案法第14条第３項の規定により同項各号に掲げる事項を掲載した実用新案公報（以下「実用新案掲載公報」という）の発行がされたものの願書に最初に添付した明細書、特許請求の範囲若しくは実用新案登録請求の範囲又は図面（第36条の2第２項の外国語書面出願にあっては、同条第１項の外国語書面）に記載された発明又は考案（その発明又は考案をした者が当該特許出願に係る発明の発明者と同一の者である場合におけるその発明又は考案を除く）と同一であるときは、その発明については、前条第１項の規定にかかわらず、特許を受けることができない。ただし、当該特許出願のときにその出願人と当該他の特許出願又は実用新案登録出願の出願人とが同一の者であるときは、この限りでない。」

非常にわかりにくい内容です。数回読んだだけで内容が理解できた方はかなりの才能があると思います。この条文の内容についての説明は割愛させていただきますので、詳しく知りたい方は参考文献（1）の第29条の2の解説を参照してください。

第29条の2を拒絶の理由とする拒絶理由通知がくることは、あまり多くないと思います。もし、技術者・研究者の方が受け取った拒絶理由通知にこの条文番号が記載されていたら、その意味するところを会社の知的財産部の方や特許事務所の弁理士などに確認してください。

2-5 実施可能要件を満たすこと

「実施可能要件を満たすこと」とは、簡単にいえば、明細書にはそれを読んだだけで当業者が同じ発明を実施できるように記載しなければならないということです。ここ数年、以前と比べて実施可能要件が厳密に適用される傾向があり、これを理由として特許出願が拒絶になることが多くなっています。気をつけましょう。

実施可能要件とは何か？

実施可能要件とは、明細書にはその発明の技術分野における当業者が読めばその発明を問題なく実施できる程度に、その発明の説明を明確かつ十分に記載しなければならないという特許要件のことです（☞27）。ここで、「実施できる」とは、物の発明においては「その物を作成し、使用できる」ということを意味します。また、方法の発明においては「その方法を使用できる」ということを意味します。さらに、物の製造方法の発明においては「その製造方法によって物を製造できる」ということを意味します。

したがって、明細書や図面の記載と技術常識に基づいて、当業者が発明を実施しようとした場合に、どのようにすれば実施できるのか理解できないとき（たとえば、どのように実施するかを発見するために、当業者に期待しうる程度を超える試行錯誤や複雑高度な実験等を行う必要があるとき）には、当業者が実施することができる程度に発明の詳細な説明が記載されていないことになります（☞27）。

化学系の明細書には実施例として実験方法や実験データが記載されることが多いですが、これらを記載することで実施可能要件が満たされる可能性が高まります。したがって、化学系の発明について特許出願する場合は明細書に実施例を記載すべきです。

また、まれではありますが、発明者の方で「競合他社に作り方がバレるのは嫌なので、明細書には発明をあいまいに書いておきたい。」という方がいますが、このような場合、実施可能要件が満たされない可能性が高くなりますので、特許はとりにくくなります。したがって、このような場合は特許出願をしないという選択肢もあると思います。つまり**ノウハウ**として技術を秘匿するということです。ノウハウについては第７章を参照して下さい。なお、ノウハウについて秘密状態を維持することは難しいです。どこからか漏れてしまいノウハウではなくなってしまう場合があります。たとえば転職者や退職者から漏れる場合が多いようです（☞28）。

●実施可能か？

2-6 特許請求の範囲の記載要件を満たすこと

特許請求の範囲は特許権の範囲を決定する重要な役割を果たしますので書き方が決まっており、これに則っていないと特許請求の範囲の記載要件を満たしていないとして拒絶になります。ここ数年、この特許要件を満たしていないことを理由として特許出願が拒絶になることが多くなっています。

特許請求の範囲の記載要件とは何か？

特許請求の範囲の記載要件とは、特許請求の範囲における**請求項**の記載方法を定めた要件です。

具体的には以下の要件があります。

請求項の範囲は明細書の範囲を超えてはいけない

特許出願するときに特許庁へ特許請求の範囲および明細書などの書類を提出します。そして、特許請求の範囲には特許権をとりたい発明を請求項として記載し、明細書にはその発明についての詳しい説明を記載します。

ここで**請求項**に記載する発明の範囲は、明細書に説明した発明の範囲と通常は同じにしますが、請求項に記載する発明の範囲のほうが広いと、「特許請求の範囲の記載要件を満たしていない」という理由で拒絶になります（☞29）。

たとえば、特許請求の範囲に【請求項1】として「有機樹脂からなる被膜を表面に有する鉄板」と記載し、明細書には「エポキシ樹脂からなる被膜を表面に有する鉄板」の説明のみを記載したとします。この場合、明細書には、有機樹脂の1つであるエポキシ樹脂のことしか記載されていませんので、「請求項1の発明の範囲が、明細書に説明した発明の範囲を超えている」という理由で特許がとれない可能性が高いです。

なお、この場合、エポキシ樹脂以外のいろいろな有機樹脂（ウレタン樹脂、アクリル樹脂、ポリエステル樹脂など）からなる被膜を有する鉄板についての説明も明細書に記載しておけば、「請求項1の発明の範囲と明細書に説明した発明の範囲は同程度である」と判断されて特許がとれる場合もあります。

概念図（2-10）

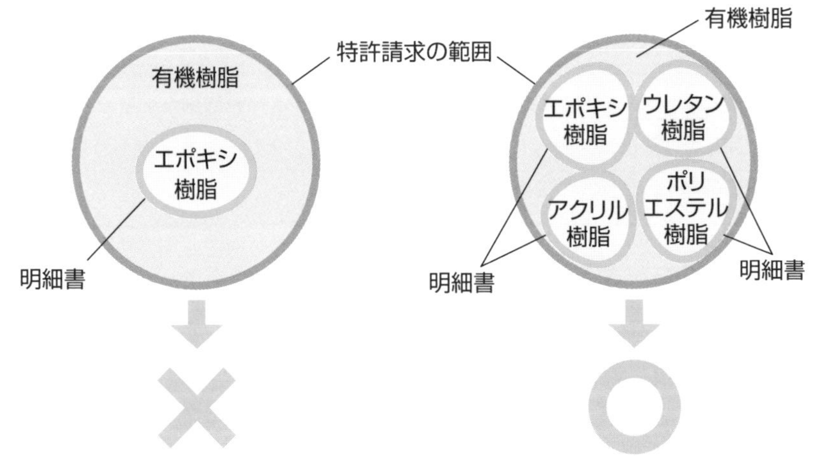

特許請求の範囲にはあいまいな言葉を使ってはいけない

特許権の範囲は特許請求の範囲の請求項に記載した発明の範囲となります。特許権の範囲があいまいだと侵害か否かの判断もあいまいになって紛争が絶えません。そこで、請求項にはあいまいな言葉を使ってはいけないことになっています（☞30）。

あいまいな言葉に該当するものとして、「やや」「はるかに」「特に」「たとえば」「など」「好ましくは」「適宜」などが挙げられます。

したがって、特許請求の範囲にこのような言葉は用いないようにするべきです。

請求項は書き方が決まっている

請求項の書き方は決まっています（☞31）。主なものとして次の①と②が挙げられます。

①請求項はもっとも上に記載するものを【請求項1】として、請求項が複数ある場合は、【請求項1】の下に【請求項2】、【請求項3】……と順に番号をつけて記載しなければなりません。

②他の請求項を引用する請求項は、引用対象の請求項より上に記載してはいけません。たとえば、請求項1において請求項2を引用してはいけないということです。

2-7 その他の特許要件

次に重要とはいえないものの、一応知っておいた方がよい特許要件を挙げて、各々について簡単に説明します。各々の説明を詳しく知りたい方は、参考文献（4）「特許・実用新案審査基準」の該当箇所を参照してください。

産業上利用が可能なこと（第29条第1項柱書）

産業上利用できない発明は特許をとることができません。たとえば「人間を手術、治療または診断する方法」は産業上利用できないと考えられており、特許をとることができません。ただし人間から採取したものを処理、分析する方法は治療には該当せず、産業上利用は可能であると考えられています。

先願であること（第39条第1項～第4項）

同一の発明について2者が出願したら、先に出願した者のみが特許をとることができます。ですから発明が完成したらできるだけ早く出願するべきです。

なお、同一の発明について同日に2以上の特許出願があった場合は、協議により定めた1人だけが特許をとれることになっています。

公序良俗違反でないこと（第32条）

あまりにも変なものは特許をとれません。典型的なものとしては、金塊密輸用チョッキ、紙幣偽造用マシーンのようなものが挙げられます。

先行技術文献情報を開示していること（第36条第4項第2号）

特許出願しようとしている発明に関連する先行技術文献を知っている場合は、その情報を示さなければなりません。

後述するように、特許出願する際は先行技術の検索を行うべきですので、これによって見つけた先行技術文献を明細書中に示せば、この要件は満たします。

●特許はとれません

COLUMN 補正できる範囲を超えて補正すると拒絶される

拒絶理由通知がくる前や、拒絶理由通知がきてから一定期間内は補正することができます。しかし、ここで行った補正がその許容範囲を超えていると**補正要件**を満たしていない（第17条の2第3項）として拒絶されてしまいます。

ここで、補正できる許容範囲とは、原則的に特許出願を行ったときに特許庁へ提出した明細書、特許請求の範囲または図面に記載された範囲のことを指します。

たとえば、特許請求の範囲に「成分Aを10〜20%含む塗料」と記載されていて、明細書に「塗料は成分Aを10〜20%含むが、14〜18%含むことが好ましい」と記載されていた場合、特許請求の範囲の記載を「成分Aを14〜18%含む塗料」へ変更（補正）することができます。

特許事務所の弁理士のような専門家が作成した明細書には、たとえば「塗料は成分Aを10〜20%含むが、11〜19%含むことが好ましく、12〜18%含むことがより好ましく、13〜17%含むことがより好ましく、14〜16%含むことがさらに好ましい」というように、クドイほど数値範囲が記載されている場合があります。技術者・研究者の方の中には「何でこんなにシツコク書くんだ。意味ないよ」と思う方も多いと思います。しかし、上記のように補正できる範囲は、明細書に記載されている範囲であるため、クドイほどにたくさん書いておけばおくほど補正できる範囲が広がっていくのです。専門家がこのように書くのは出願した後に補正できる範囲を広げるためですので、明細書の記載がシツコイと思っても我慢してください。

特　許　証

(CERTIFICATE OF PATENT)

特許第〇〇〇〇〇〇〇号

(PATENT NUMBER)

発明の名称 (TITLE OF THE INVENTION)	〇〇〇〇〇〇〇〇〇〇〇〇〇〇〇〇〇
特許権者 (PATENTEE)	〇〇〇〇〇〇〇〇〇〇〇〇〇〇〇〇〇 〇〇〇〇
発明者 (INVENTOR)	〇〇〇〇
出願番号 (APPLICATION NUMBER)	特願〇〇〇〇-〇〇〇〇〇〇
出願日 (FILING DATE)	平成〇〇年〇〇月〇〇日
登録日 (REGISTRATION DATE)	平成〇〇年〇〇月〇〇日

この発明は、特許するものと確定し、特許原簿に登録されたことを証する。

(THIS IS TO CERTIFY THAT THE PATENT IS REGISTERED ON THE REGISTER OF THE JAPAN PATENT OFFICE.)

平成〇〇年〇〇月〇〇日

特許庁長官

(COMMISSIONER, JAPAN PATENT OFFICE)

〇〇〇〇

第3章 ここまで知っていれば十分！ 特許の知識

第２章までは通常の特許出願を行うために必要な基礎的知識について説明しましたが、この章では一歩進んで、特殊な特許出願やそれに関連する手続について説明します。また、特許とは異なる実用新案や意匠・商標についても簡単に説明します。さらには技術者・研究者の方がたびたび行う、他社と共同での特許出願の際に気をつけるべきことについても説明します。第１章から第３章までの内容を理解すれば、技術者・研究者として身につけるべき特許の知識はすべて身につけたといえるはずです。

3-1 新規性喪失の例外

すでに説明したように新規性がない発明について特許はとれません。しかし、自分の発明について自発的に公開した場合に、新規性がなくなっていないとみなして審査してくれる特別の規定があります。

出願する前に学会で発表した！

技術者・研究者の方は、研究実績を学会で発表することが頻繁にあると思います。しかし、学会で発表することでその研究実績としての発明は公開されることになりますので、その時点で発明の新規性はなくなります。よって、学会で発表した後にその発明について特許出願しても、出願する時点ではすでに新規性がないことになりますので、原則的には特許出願しても特許をとることができません。

ただし、このような場合、出願する際に特別の手続き（☞32）を合わせて行うと、**新規性喪失の例外**の適用を受けることができ、学会での発表等によって新規性がなくなった発明について、新規性はなくなっていないとみなして審査してもらうことができます。

つまり、新規性喪失の例外とは、本来は新規性がなくなる行為であっても、それが「特許を受ける権利を有する者の行為」に起因している場合（簡単にいえば、発明者や出願人による積極的な公開の場合）、その行為を行ってから1年以内に特許出願をすれば、新規性がなくなっていないとみなすという規定です。

ここで「特許を受ける権利を有する者の行為」とは、例えば次のような行為です（☞33）。

- 公開試験を行う（例：ロケットの発明）。
- 刊行物（学術論文など）に発表する。
- インターネットやテレビで発表する。
- 学会や博覧会で発表する。
- 研究開発の資金調達のために投資家へ説明する。
- 研究開発コンソーシアムにおける勉強会で口頭発表する。

なお、特許、実用新案、意匠または商標の出願を行った後または登録後に公開される公報に掲載されることで新規性がなくなった場合は、新規性喪失の例外の適用を受けることができません（第30条第2項）。

新規性喪失の例外（3-1）

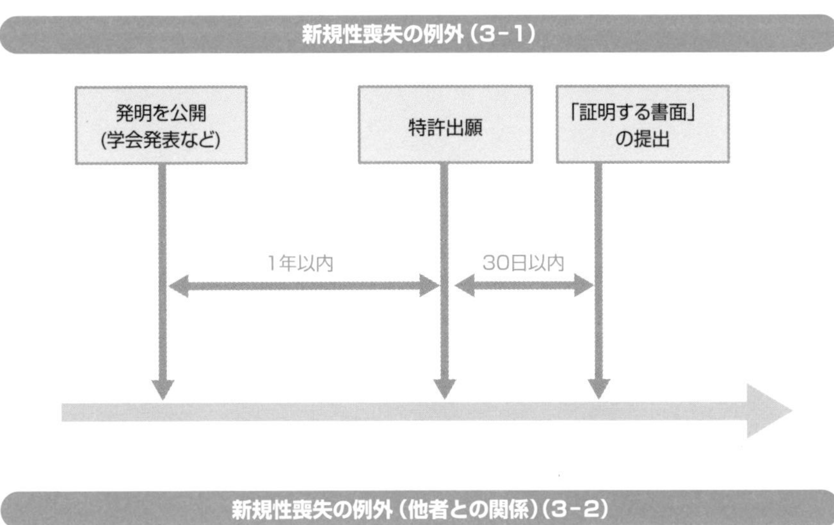

新規性喪失の例外（他者との関係）（3-2）

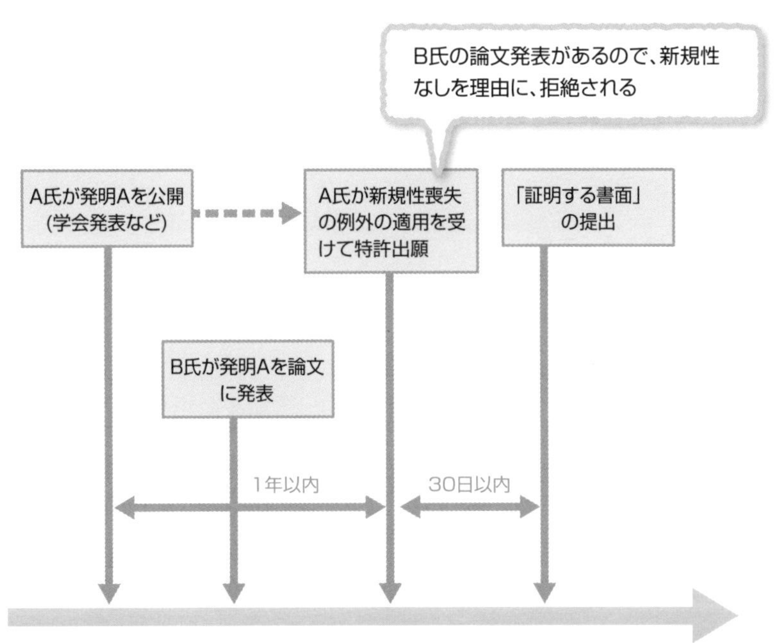

なお、新規性喪失の例外は「自分で行った行為に対して新規性を失っていないとみなされる」というだけであって、他人が行った行為は関係ありません。ですから、たとえば学会発表した後、1年以内に新規性喪失の例外の適用を受ける特許出願を行ったとしても、その特許出願の前に他人が同じ発明について論文発表等していたら、自分は特許をとれないことになります（図3-2参照）。

したがって、新規性喪失の例外の規定の適用を受けるとしても、発明が完成したらできるだけ早く特許出願を行うという姿勢が必要です。

外国出願を行う可能性がある場合は気をつけよう

日本国内の学会で発表した後、外国に出願する場合を考えてみます。

たとえば中国へ特許出願するとします。しかし、中国では中国政府が主催または認める国際展覧会で初めて展示された場合等に新規性喪失の例外が認められるので、このケースのように、日本国内の学会で発表した場合は新規性喪失の例外が認められません。よって、中国に出願しても日本での学会発表によって新規性がなくなっていることを理由に特許はとれません。

新規性喪失の例外（外国出願する場合）(3-3)

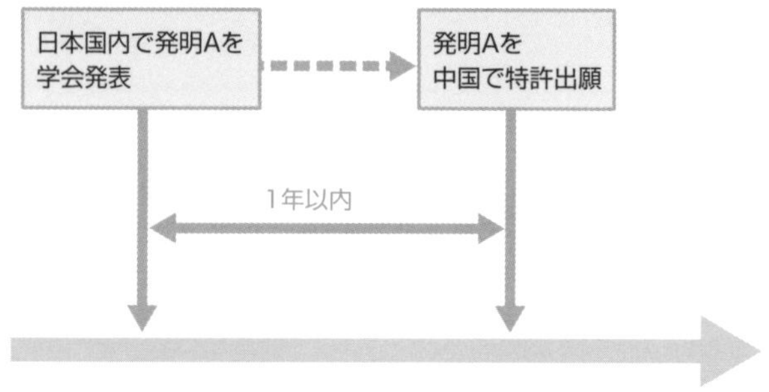

また、日本国内の学会で発表した後、欧州に特許出願するとします。しかし、欧州では学会発表という行為に新規性喪失の例外は適用されません。よって、同様に、欧州に出願しても日本での学会発表によって新規性がなくなっていることを理由に特許はとれません。

また、学会発表ではなくて、たとえば学術論文の発表やインターネットでの発表の場合、日本では新規性喪失の例外が認められうるのですが、中国や欧州では認められません。

その他の外国でも上記の中国や欧州と同じように扱われる場合が多々あります。

このように外国へ特許出願する場合は、原則的に新規性喪失の例外には頼らないようにする必要があります。つまり、外国へ特許出願する可能性がある場合は、特許出願の前に学会発表等を行うことは慎むべきです（☞34）。

3-2 国内優先権主張出願

特許出願した後に技術開発が進んで、すでに出願した発明についての改良発明ができあがる場合があります。また、実験を進めた結果、新しい実施例ができあがったり、新たな知見が見出されたりする場合もあります。このような場合、すでに行った特許出願に改良部分や新たな知見などをつけ加えることができる場合があります。

改良発明を先の出願内容につけ加えることができる

発明が完成したので特許出願し、その後、技術開発が進んで改良発明が完成する場合があります。たとえば「成分αを含む塗料」という発明について特許出願した後、実験を進めてみたら、成分αを10～15%含む場合に非常に性能がよくなることが見出されたような場合です。

このような場合、先の特許出願から1年以内であれば、その先の特許出願の内容に、後からわかった知見（成分αを10～15%含むと好ましいこと）をつけ加えることができます。

後からわかった知見をつけ加えて行う特許出願を**国内優先権主張出願**といいます（☞35）。

後からわかった知見をつけ加えた方がつけ加えない場合と比較して特許がとれる可能性が高まります。ですから新たな知見が見出されたら、国内優先権主張出願を行うべきです。

上記のような改良発明が見出された場合の他、新たな実施例ができた場合も、国内優先権主張出願によってつけ加えて実施例を充実させることができます。また先の特許出願の内容（明細書等）に誤記などがあった場合、これを修正するために国内優先権主張出願を行うこともできます。

なお、国内優先権主張出願を行うと、先の特許出願はなくなってしまいます（正確には、自動的に取り下げられてしまいます）。つまり、先の特許出願はなくなって、後から行った国内優先権主張出願に一本化されるわけです。

国内優先権主張出願は、先の特許出願から「1年以内」に行うことができる点がポイントです。

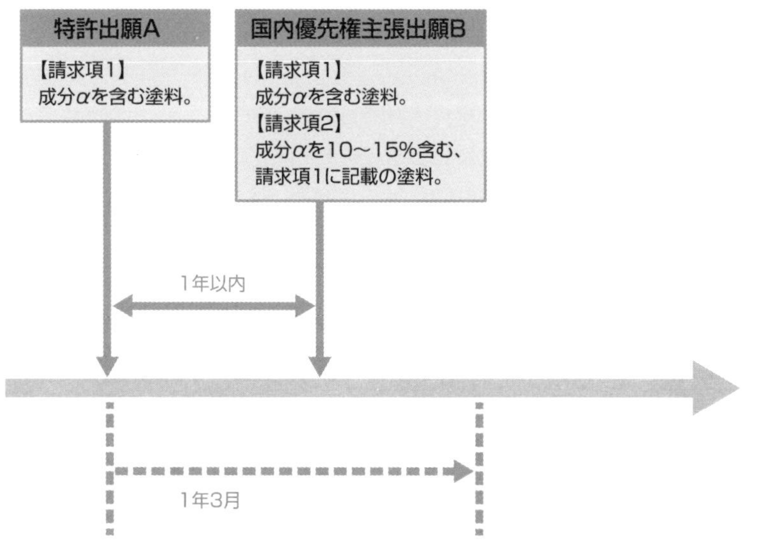
国内優先権主張出願（3-4）
特許出願A
【請求項1】
成分αを含む塗料。
国内優先権主張出願B
【請求項1】
成分αを含む塗料。
【請求項2】
成分αを10〜15%含む、
請求項1に記載の塗料。
1年以内
1年3月
1年3月後に、特許出願Aは取下げたものとみなされる
国内優先権主張出願Bに一本化される

3-3 早期審査制度

通常、特許庁では出願審査請求が行われた順番に審査が行われます。出願審査請求が行われた特許出願は多々ありますので、出願審査請求を行っても実際に審査が行われるまでにかなりの時間がかかります。順番待ちの時間が長いのです。一方、なるべく早く特許権をとりたい場合があります。このような場合、一定の条件を満たしていれば特許庁で他の出願よりも早く審査してくれます。

早く特許権をとりたいときに利用しよう

特許庁へ出願審査請求をしてから何らかの回答（拒絶理由通知または特許査定）がくるまでには時間がかかります。おおむね1年弱かかると思ってよいです。特許出願してから3年後に出願審査請求を行って、その1年後に拒絶理由通知が来て、これに対して補正書や意見書を提出し、その後、特許がとれたとすると、特許出願してから5年後くらいにやっと特許権がとれることになります。

しかし、これでは遅いのでもっと早く審査してもらいたいという場合があると思います。審査が早ければ特許権を早くとれる可能性があります。そこで、審査を早くしてくれるように特許庁へ申請を行う**早期審査制度**というものがあります。このような早期審査の申請を行うと特許庁へこの申請をしてから約3か月後（2021年実績で平均2.7か月後）に、何らかの回答（特許査定または拒絶理由通知書）を得ることができます。ですから、特許出願してすぐに出願審査請求し、同時に早期審査の申請も行うと、特許出願してから数か月後には特許権が得られる場合があります。

よって、なるべく早く特許権がほしい場合はこの申請が有効です。

ただし条件がある

どのような場合でも早期審査の申請を行うことができるわけではありません。条件があります。具体的には以下のいずれかに該当する場合のみ早期審査の申請を行うことができます。

- 中小企業、個人、大学、公的研究機関等が出願人である場合。

- 出願人がその発明について外国にも出願している場合。
- 出願人またはその出願人から実施許諾を受けた者が、その発明を実施している場合。
- グリーン発明（省エネ、CO_2削減等の効果を有する発明）について特許を受けようとする特許出願である場合。
- 震災復興支援関連出願の場合。
- アジア拠点化推進法関連出願の場合。
- ベンチャー企業対応面接活用早期審査を申請する場合

上記の詳細（たとえばここでいう「中小企業」とはどのようなものか）については、特許庁HPの該当箇所に説明されています。また、早期審査の申請を行うためには申請書（早期審査に関する事情説明書）を提出する必要がありますが、この申請書の書き方についても同様に特許庁HPの該当箇所に示されています。こちらを参照して下さい。⇒https://www.jpo.go.jp/system/laws/rule/guideline/patent/document/index/guideline.pdf

スーパー早期審査というものもある

上記の早期審査の申請を行うことで早く審査をしてくれるわけですが、それよりもさらに早く審査してくれる場合もあります。

これは、通常の早期審査の要件の中の実施関連出願に該当し、かつ外国関連出願にも該当する、より重要性の高い出願が該当します。早期審査よりもさらに早いので**スーパー早期審査**といわれています。

スーパー早期審査の申請を行うと1か月くらいで何らかの回答（特許査定または拒絶理由通知）がくる場合もあります。

スーパー早期審査について詳しく知りたい場合は、こちらを確認してください。⇒https://www.jpo.go.jp/system/patent/shinsa/soki/super_souki.html

審査の種類と待ち時間（3-5）

審査の種類	待ち時間
通常の審査	1年弱
早期審査	2ヶ月くらい
スーパー早期審査	1ヶ月くらい

3-4 補正

特許出願してから特許権がとれるまでの間には必ずといってよいほど補正を行います。しかし、ほぼ必ず行う手続なのに補正は理解しにくいものです。この節では補正の内容的制限に関する基本のみを説明しますので、技術者・研究者の方が実際に補正を行う際は、より詳しい書籍などで詳細を調べていただくか、必要に応じて専門家に確認してください。

補正とは？

補正とは、特許出願した後に特許出願した書類の内容について補充または訂正することです。「特許出願した書類」ですので「願書」や「要約書」も補正できますが、重要なのは「明細書」、「特許請求の範囲」および「図面」における補正の内容的な制限についてですので、これについて説明します。

なお、補正において注意すべきことは内容的な制限の他に、時期的な制限があります。これについては、必要に応じて専門家に確認して頂くか、参考文献（1）の第17条の2の解説を参照して下さい。

補正の内容的な制限

明細書、特許請求の範囲および図面の補正は、特許出願の際に記載されていた範囲内で行うことができます。特許出願した際に明細書、特許請求の範囲または図面に記載されていないことを、出願後につけ加えたりすることは、原則的にはできません（☞36）。

具体例を用いて説明します。

たとえば、特許出願の際に、特許請求の範囲に、

「A成分を10～40%含む接着剤」

と記載されており、明細書に、

「A成分は10～40%含まれるが、20～25%であると好ましい」

と記載されている場合、特許出願した後に、特許請求の範囲を

「A成分を20～25%含む接着剤」

と補正することができます。

しかし、10〜40%の範囲内ではあるものの、

「A成分を30〜35%含む接着剤」

とは補正できません。

これは明細書、特許請求の範囲および図面のいずれにも「30〜35%」と明記されていないからです。

補正できる範囲について（3-6）

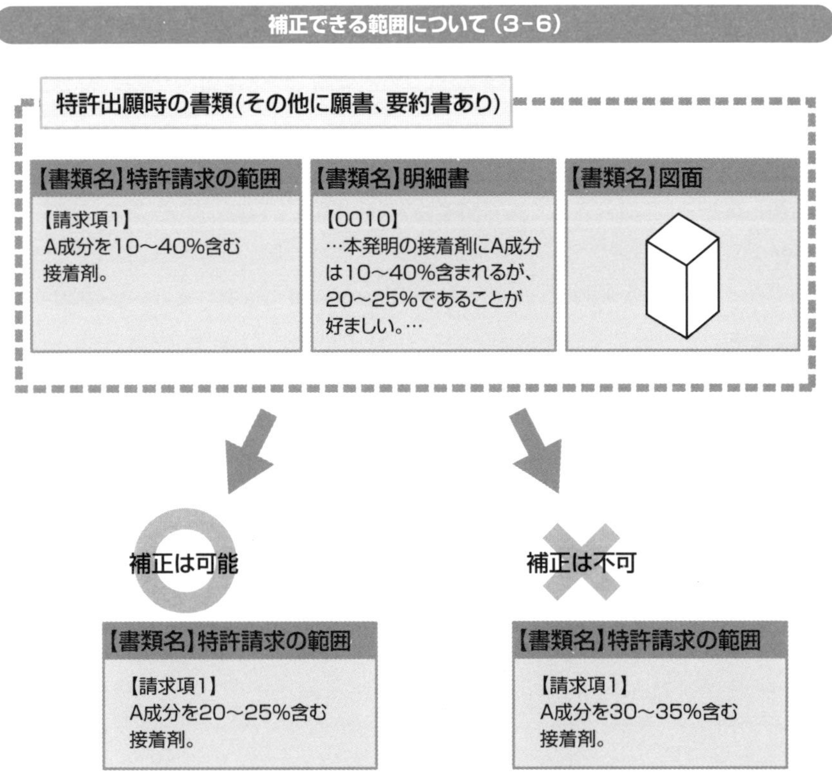

このように補正は、特許出願の際の明細書、特許請求の範囲および図面に明記されていることが必要と考えてください（☞36）（☞37）。

ですから、特許出願の際に明細書にはいろいろなことを書いておく方が、後から補正できるバリエーションが増えるのでよいということになります。

3-5 分割出願

１つの特許出願を行う際に、明細書にいくつもの発明を記載する場合があります。このような場合、特許出願した後に一部の発明について分離して、新たな特許出願を行うことができます。これが分割出願です。

出願した後に２つ以上の特許出願に分けることができる

原則的には１つの特許出願には１つの発明を示して特許庁へ出願しなければなりません。

しかしながら何をもって１つの発明かの判断が難しい場合があります。出願人は１つの発明であると考えて１つの特許出願をしても、特許庁の審査官は「この特許出願には２つの発明が記載されている」と判断する場合もあります。審査官がこのように判断した場合、「１つの発明について１つの出願としなければならない」とする**発明の単一性を備えること**（第37条）（第２章、2-1節参照）の特許要件を満たしていないとして拒絶理由が通知されます。

このような場合、これらの２つの発明を２つの特許出願に分ける手続きを行うことができます。これを**分割出願**といいます。

たとえば、発明Ａと発明Ｂの２つを記載した出願Ｘを行った後、出願Ｘから発明Ｂを抜き出して、新たな出願Ｙ（分割出願Ｙ）を行うことができます。

このような分割出願Ｙを行うと、その分割出願Ｙの出願日は、実際の出願日ではなく先の出願Ｘの出願日と同じとみなされます。したがって、たとえば出願Ｘと分割出願Ｙの間に、発明Ｂについて記載された学術論文が公開されていた場合でも、その公開を理由に新規性がないとして分割出願Ｙが拒絶されることはありません。

分割出願を行うことができる時期

次の３つの時期に分割出願を行うことができます。

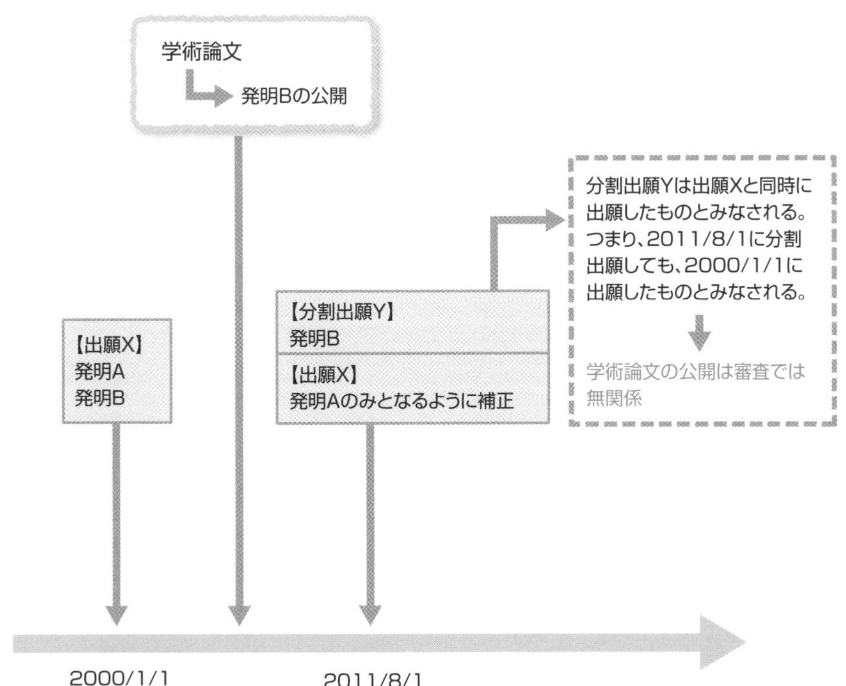

①明細書、特許請求の範囲または図面について補正できるとき。
②特許査定の謄本の送達があった日から30日以内（☞38）。
③拒絶査定の謄本の送達があった日から3月以内（☞38）。

たとえば、出願審査請求をした後、拒絶理由通知がこないで特許査定がきたものの、特許請求の範囲の記載が狭すぎたために、特許権をとったとしても意味がないというような場合があります。このような場合、上記の②の分割出願を行って、広い範囲の特許権の取得をトライすることができます。

また、従来、拒絶査定がでた後に分割出願を行う機会を得るためだけに拒絶査定不服審判を請求する場合がありましたが、この必要はなくなりました。

3-6 外国出願・国際出願（PCT出願）

日本の工場のみで製造して日本のみで販売する場合は、むしろ少ないでしょう。多くの会社は中国等の工場で商品を製造して日本に輸入して販売したり、ヨーロッパやアメリカで販売したりしています。このような場合、日本のみで特許を取得するのではなく、工場がある国や販売する国でも特許をとるべきです。

外国へ出願する方法は直接出願と国際出願の２種類がある

特許は各国ごとのものですから、日本の特許権は日本国内のみで効力があります。したがって、たとえば特許権を利用してアメリカでビジネスを行いたい場合は、日本ではなくアメリカで特許権をとらなければなりません（☞39）。

日本人が日本にいながらにしてアメリカで特許権をとることはできます。1つの発明について日本とアメリカの2国に出願することもできます。2国に限らず、1つの発明について何か国でも特許出願することができます。特許をとりたい各々の国へ出願すればよいのです。このように特許をとりたい国の各々に対して1つ1つ特許出願することを**直接出願**といいます。

しかし、たくさんの国に直接出願を行うのは手続きが大変です。たとえば5カ国に特許出願しようと思った場合、5カ国の各々の特許制度に則った形式の書類を用意して出願手続きを行う必要があります。このためには相当な労力がかかります。

このような場合は**国際出願**を行うと便利です。国際出願を1回行えば、世界各国に同時に特許出願することができます。国際出願は**PCT国際出願**とか、**PCT出願**とかいう場合もあります。

なお、ここで世界各国とは、この国際出願に関する国際条約（特許協力条約）に加盟している国をいい、157カ国（2023年8月時点）のことをいいます。つまり、1つの国際出願を行えば、157カ国へ出願したことと同じことになります。

ただし、国際出願した後に、特許をとりたい国に対して、特定期間内（多くの国で30カ月以内）に、その国で特許をとりたい旨の意思表明（**国内移行**といいます）を行う必要があります。国際出願を行った後、国内移行をしなかった国については、特許出願が取り下げられたものとみなされてしまいますので注意が必要です。

国際出願のメリット

直接出願と国際出願を比べた場合、おおむね国際出願の方が費用がかかる傾向があります。この点は国際出願のデメリットといえます。

しかし、国際出願を行うと出願してから数か月後に「特許性に関する見解書」というものを得ることができます。これは出願した発明の特許性について、特許庁がある程度判断した結果を示した書類です。この判断結果によって、出願した内容で特許をとることができそうか否かわかるわけです。よって、この判断の結果、特許がとれそうであれば多くの国へ国内移行を行って特許をとればよいし、逆に特許がとれそうもなければ、補正して特許がとれるように修正したり、（多くの国へ国内移行しても特許をとれなければ費用がかかるだけでもったいないので）国内移行する国の数を減らすという判断をすることもできます。

このようなことから、直接出願よりも国際出願の方が費用はかかるものの、リスクを回避できるという点で優れているといえます。

その他にも、国際出願は日本語で書類を作って日本の特許庁へ出願手続を行えばよいという点においても有利といえます。

さらに、翻訳文の提出期限が直接出願と比べて、通常、遅くなるので、じっくりと翻訳文を作成することができるという点でも国際出願は有利といえます。

国際出願における注意点

国際出願を行う際にもっとも注意すべきことは、国際条約（特許協力条約）に加盟している国（2023年8月時点では、発効している157カ国）のみへ出願したことになるのであって、その他の国へは出願したことにならない点です。この国際条約へ加盟する国はどんどん増えているのですが、日本にとって身近な国ですと台湾がいまのところ加盟していません。したがって、台湾で特許をとりたい場合は、台湾へ直接出願する必要があります。1つの発明について、国際出願と台湾への直接出願の両方を行う場合がよくあります。

3-7 情報提供と特許異議申立て

多くの企業では、競合他社がどのような内容の特許出願を行っているか監視していると思います。特許出願の日から１年６月後に公開される公開特許公報を読んだところ、その内容で特許をとられては困るという場合は、特許庁へ情報提供を行ってその競合他社が特許をとるのを妨害することができます。また、特許権が成立した後に特許異議申立てを行うこともできます。

競合他社が特許をとるのを妨害できる

競合他社が出願人になっている公開特許公報を見て、「あの会社にこの内容で特許をとられるとマズイな」と思うことがあると思います。このような場合、特許庁へ「この特許出願は○○という理由で特許をとれないものですから、特許を許可しないようにお願いします。」という内容の書類を提出することができます。

このような手続きを一般的に**情報提供**といいます。

情報提供を行うことで、自社の営業活動の邪魔になる特許を競合他社にとられてしまうのを防ぐことができる場合があります。

情報提供を行いたい場合は、特許がとれない理由（同一発明が記載されている先行技術文献など）が必要になりますので、これを見つける必要があります。この理由を見つけて、それに基づいて情報提供を行い、審査官にそれが認められればその特許出願は拒絶査定となって特許がとれないという結果になります（☞40）。

また、自分（自社）が情報提供を行ったことを出願人（競合他社など）に見つかりたくないという場合は、無記名で情報提供を行うことができます。この場合、出願人に誰が情報提供を行ったかが知られずにすみます。

特許異議の申立て制度

上記の情報提供は、他者の特許権が成立する前に行うことで、その特許権の成立を防ぎ得る有効な手段です。

しかし、競合他社の特許出願の監視が甘かったりすると、気づいたときには特許権が成立していた、というような場合もあります。

　このように特許権が成立した後であっても、情報提供の場合と同様に「この特許は○○という理由で特許権が付与されるべきものではないです」というような内容の異議を申し立てることができる場合があります。この異議申立てが認められると、その特許権は初めから存在しなかったものとみなされます（第114条第3項）。

　特許異議申立ては、平成27年4月1日以降に特許掲載公報が発行された特許について行うことができます。また、特許掲載公報発行日から6月以内に行うことが必要です。さらに、誰でも申し立てることができ（これに対して特許無効審判は利害関係人のみが請求できます）、料金も特許無効審判と比べると安いです。詳しくはこちらをご覧ください。

⇒https://www.jpo.go.jp/system/trial_appeal/shubetu-tokkyo-igi/index.html

3-8 発明の種類と特許権の強さ

発明には種類があって、その種類によってその発明に基づく特許権の強さが異なります。これはとても重要なことですが、知っている方は多くないと思います。なお、「方法の発明については、特許権をとっても意味がない。」と信じ込んでいる方がいますが、この節を読んでいただければそれが勘違いであることがわかるでしょう。

発明には３種類あり、それぞれの特許権の強さが異なる

発明には、物の発明、製造方法の発明、単純方法の発明の３種類があります。

したがって、特許請求の範囲の【請求項】に記載される発明も、これら３種類の中のいずれかに該当することになります。

たとえば、【請求項】の末尾が「～を備える○○装置」「～を特徴とする○○に用いる部品」「～成分を含む組成物」のようなものは「物」の発明に該当します。

また、【請求項】の末尾が「～の製造方法」「～を作成する方法」のようなものは「製造方法の発明」に該当します。

さらに、【請求項】の末尾が「～成分の測定方法」「～の補修方法」のようなものは「単純方法の発明」に該当します。

発明の種類（3-8）

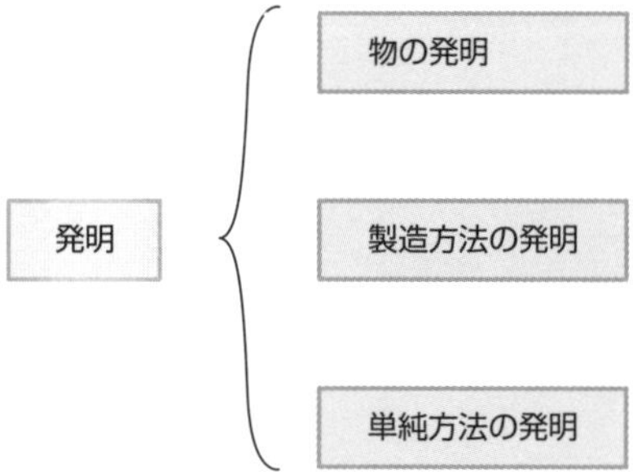

このように発明は分類されるわけですが、これに伴って特許権も**物の発明の特許権**、**製造方法の発明の特許権**、**単純方法の発明の特許権**の３種類に分類されます。

そして、それぞれ強さ、すなわち特許権の効力範囲が異なります。

物の発明の特許権の場合は、「その物の生産、使用、譲渡等、輸出、輸入または譲渡等の申出を行う行為」について効力範囲となります。したがって、たとえば自社が「塗料」という物の発明の特許権をもっている場合に、他社がその塗料を生産、使用、譲渡等、輸出、輸入または譲渡等の申出をしたならば、それを差止めたり、損害賠償を請求したりできます。つまり、物の発明の特許権をもっている場合、他社はその「物」を販売することは当然できませんし、どのような製造方法であったとしても、その「物」を製造することができません。

これに対して**製造方法の発明の特許権**の場合は、「その製造方法を使用する行為」および「その製造方法により生産した物の使用、譲渡等、輸出、輸入または譲渡等の申出を行う行為」について効力範囲となります。したがって、たとえば自社が「塗料の製造方法」という製造方法の発明の特許権をもっている場合に、他社がその塗料を製造したり、その製造方法によって製造した塗料を使用、譲渡等、輸出、輸入または譲渡等の申出をしたならば、それを差止めたり、損害賠償を請求したりできます。つまり、製造方法の発明の特許権をもっている場合、他社はその製造方法は実施できませんが、他の方法で同じものを製造することはできます。そして、その他の製造方法によって製造した同じ物を販売することができるのです。

また、**単純方法の発明の特許権**の場合は、「その方法を使用する行為」が効力範囲となります。したがって、たとえば自社が「塗料中の○○成分を測定する方法」という単純方法の発明の特許権をもっている場合に、他社がその測定方法を使用したならば、それを差止めたり、損害賠償を請求したりできます。しかし、単純方法の発明の場合、結果物（上の例であれば、成分を測定した後の塗料）に対して、何ら効力が及ばないのです。

そうすると、上記の３種類の特許権の中で、もっとも効力が強いものはどれでしょうか？

もっとも強いものが**物の発明の特許権**で、次が**製造方法の発明の特許権**となります。**単純方法の発明の特許権**はもっとも弱い特許権ということになります。

ですから、なるべく物の発明の特許権をとるように努力したほうがよいことになります。

特許権の強さ（3-9）

強い	物の発明の特許権
↓	製造方法の発明の特許権
弱い	単純方法の発明の特許権

なお、私の経験上、方法の発明は、非常に多くの場合、「製造方法の発明」として特許出願することも、「単純方法の発明」として特許出願することもできます。したがって、不用意に「単純方法の発明」にはしないで、できるだけ「製造方法の発明」として特許出願すべきです。

たとえば、技術者・研究者の方が「○○という特殊な手段によって塗料を鋼板の表面に塗る方法」という発明をしたとします。そして、この発明について特許出願しようとしたときに、【請求項】にはどのように記載すべきでしょうか？　非常に多くの方が、次のように記載してしまいます。

【請求項1】
塗料を鋼板の表面に○○という手段で塗る方法。

しかし、これは単純方法の発明です。特許権がとれたとしても効力範囲が狭く弱いものになってしまいます。

これに対して、次のように記載したらどうでしょうか。

【請求項1】
塗料を鋼板の表面に○○という手段によって塗ることを特徴とする、塗料が表面に塗られた鋼板を製造する方法。

この発明は製造方法の発明です。全く同じ発明であるはずなのに、効力範囲が広がって強いものになりました。

このように方法の発明は「製造方法の発明」とすることも、「単純方法の発明」とすることも可能である場合が多いです。このような場合は、できるだけ「製造方法の発明」として特許出願するべきです。

方法の発明について特許権をとっても意味がないのか？

上記のように物の発明の特許権がもっとも強く、それに比べて方法の発明の特許権、すなわち、製造方法の発明の特許権や単純方法の発明の特許権が弱くなるのは確かです。

しかし、方法の発明について特許権をとっても意味がないということはありません。このように信じ込んでいる方がおられるので、そう思う理由を聞いてみると「競合他社が工場内で製造していても、それを確かめるために工場内に侵入することができないから」ということのようです。

これについて、確かに昔は正しかったかも知れません（☞41）。

しかし、平成11年に特許法が改正されてからは正しくなくなりました。具体的には、「あなたの行為は私の特許権を侵害している！」と訴えられた人が、「いや、侵害していません！」と否定する場合、自分がどのような行為を行っているのか、具体的に示さなければならなくなったのです（☞42）。たとえばA社が製造方法の発明の特許権をもっていて、この特許権を侵害していると思われるB社を訴えた場合、B社は、この訴えを認めないならば、B社が具体的にどのような製造方法を行っているかを示す義務があるわけです。

よって、昔はともかく、現在では、製造方法や単純方法の発明の特許権でも利用価値があるのです。

COLUMN 狭すぎる特許権はとったとしても意味がないのか？

拒絶理由通知がきて、その内容が妥当であったため、請求項に記載の発明の範囲を減縮する補正を行いました。その後、再度、拒絶理由通知がきて、またもや発明の範囲を減縮する補正を行わなければならなくなりました。

このような場合、その後、特許権がとれたとしても非常に狭い範囲のものになってしまうことがあります。「こんな狭い特許権をとっても意味がないな。拒絶理由通知に対して意見書や補正書を提出して反論するのはやめてしまおう。」などといって特許権をとるのをあきらめてしまう場合もあると思います。

しかし、ちょっと待ってください。次のケースのように、非常に狭い特許権が役に立つこともあるのです。

以前、あるお客様が、次のような特許権を他社にとられてしまい困っていると相談にやってきました（＊実際の発明内容とは変えてありますが、趣旨は同じです）。

『鋼板の表面に有機樹脂を塗った被膜付き鋼板であって、その鋼板の成分が、
C：2.5～2.6%、
Al：0.05～0.07%、
Cr：1.0～1.1%、
Si：0.1～0.2%、
Ca：0.05～0.07%、
P：0.1～0.2%、
S：0.02～0.04%、
Cu：0.05～0.07%、
As：0.001%以下である、被膜付き鋼板。』

つまり、非常に狭い範囲の特許権なのです。

しかしながら、相談にやってきたお客様が販売しているものは「どのような鋼板にも塗布できて錆を防止できる特殊な有機樹脂」なのです。

このお客様は「どのような鋼板にも利用できますよ」といって、特殊な有機樹脂を販売していたのに、上記の特許権が成立してしまったために、どのような鋼板にも利用できるとはいえなくなってしまったのです。「ほとんどすべての鋼板には利用できますが、成分が、Cが2.5～2.6%で、Alが……という鋼板に利用すると特許権侵害になってしまうので、このような鋼板には利用できません。」といわなければならなくなり、非常に困っているというわけです。

このような場合、このお客様は上記の非常に狭い特許権をもっている者に頼んで、特許権を譲ってもらわなければならない可能性があります。非常に狭い特許権をもっている者にしてみると、特許権を譲渡することでお金を得ることができます。

このようなことからすると、狭すぎる特許権も有効な場合があるといえます。「こんな狭い特許権をとっても意味ないや」といって捨ててしまう前に、上記のようなことがあり得ないかを考えてみましょう。

3-9 実用新案と特許の違い

実用新案とはどのようなものでしょうか？「日用品とかは実用新案で出願するんでしょ」「発明のレベルが高いものは特許出願して、レベルが低いものは実用新案で出願するんだ」などとおっしゃる方が多いかと思いますが、これらは正しくないです。ここでは実用新案について特許と比較しながら説明します。

実用新案と特許はかなり違う

実用新案と特許について、「保護対象」「出願から権利化までの流れ」「権利化後」の観点から比較して説明します（☞43）。この節を読めば実用新案と特許はかなり違うことが理解できるはずです。

保護対象

特許では「物」「方法」「製造方法」の３種類の発明が保護対象です。これに対して、実用新案では「物」のみ（☞44）が保護対象です。

たとえば「洗濯ばさみ」「快眠まくら」「ダイエットスリッパ」などの日用品や、「自動車」「パソコン」「携帯電話」などは「物」ですので、実用新案権をとれる可能性があります。

しかし、「口臭測定法」や「時計の製造方法」などは「物」ではなく、「単純方法」や「製造方法」の発明ですので、実用新案権をとることができません。

つまり、「物の発明」（☞44）であれば特許または実用新案のいずれでも権利がとれる可能性がありますので、出願する際は特許と実用新案のどちらで出願するか考えるべきですが、「単純方法」または「製造方法」の発明の場合は、実用新案で権利をとることはできませんので考える余地はなく、特許出願するしかないのです。

出願から権利化までの流れの違い

特許の場合、出願後、３年以内に出願審査請求をします。そうすると特許庁で審査官が発明の特許性について審査します。そして審査にパスしたら（審査官が特許性を有する発明であると判断したならば）特許権が付与され、審査にパスしなかったら拒絶査定がなされます。

これに対して実用新案の場合、最低限の要件さえ備えていれば、出願した後、登録されます。すなわち、特許庁で審査されません（☞45）。つまり、実用新案は出願すれば内容がどうであろうと、権利（実用新案権）がとれるのです。

出願から権利化までの流れの違い（特許と実用新案の比較）（3-10）

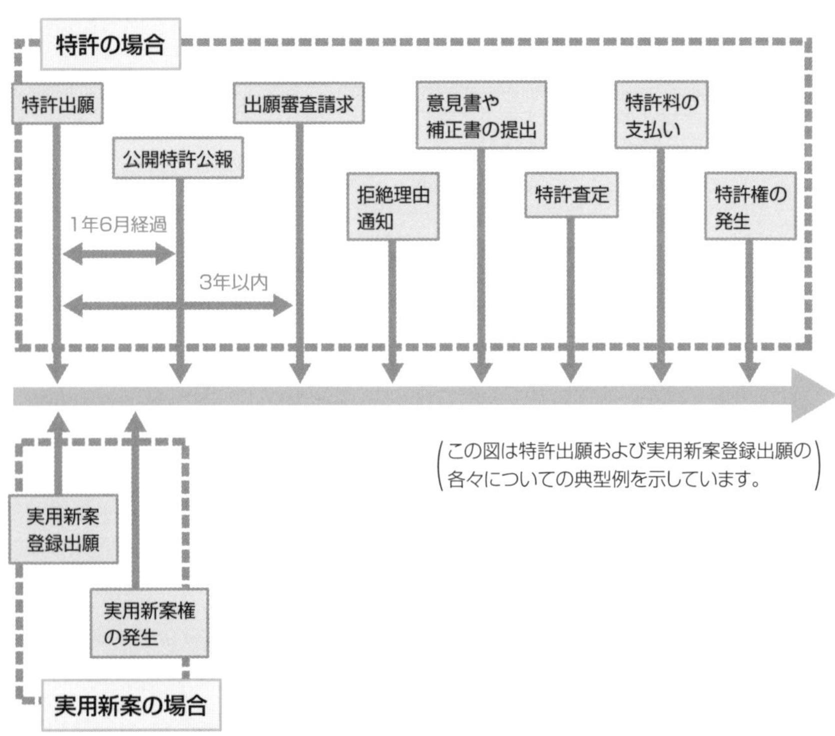

権利化後の違い

他人が自分の特許権を侵害しているとします。この場合、特許権をもっている者は、その他人に対してすぐに権利行使（損害賠償を請求したり、差止を請求したりすること）をすることができます。

一方、実用新案権をもっている者は、すぐに権利行使することはできません。まず、**実用新案技術評価書**というものを特許庁にもらわなければなりません。これは実用新案権の対象となっている発明（正確には「考案」です）に特許性（正確には

「登録性」です）があるか否かを評価してもらったものです。そして、侵害者に実用新案技術評価書を提示して警告した後でないと、権利行使することができません。

さらに、特許庁による実用新案技術評価書の評価結果が「特許性はない」というものであった場合、権利行使は行ってよいものの、その後、実用新案権が無効になった場合、それによって他人に与えた損害を、実用新案権者が賠償しなければなりません（☞46）。

ここで、実用新案技術評価書の評価結果が「特許性はない」であった場合、無効審判を請求すれば、その実用新案は非常に高い確率で無効になります。したがって、実質的には、実用新案技術評価書の評価結果が「特許性がある」でないと、権利行使できません。

このように実用新案権の方が、特許よりも権利行使しにくいといえます。

3-10 意匠権、商標権について

意匠法や商標法はデザインやマークについて独占的に使用する権利を与えて保護する法律です。独占権を与えて保護するという意味で、特許法や実用新案法と同じです。発明と同時にデザインが創作される場合などがあると思いますので、意匠についてもある程度知っておくとよいと思います。

意匠権とは？

物品のデザインであって新規性かつ創作性を有するものについて**意匠権**をとれる場合があります。ここで重要なことは、芸術家が創作したような素晴らしいデザインである必要はなく、「ちょっと変わった形状や模様」というようなレベルでも、意匠権をとれる場合があるということです。

たとえば有名なものとして「タイヤのトレッドパターン」が挙げられます。自動車のタイヤの地面と接触する部分に形成された切り込み模様のことです。あの模様のデザインは美しいでしょうか？ 少なくとも私は美しいとは感じませんが、優れたデザインであると認定されて意匠権がとれる場合があります。

技術者・研究者の方は自身の技術開発の結果、何らかの物ができあがった場合、通常は特許をとろうとすると思います。しかし、もし、できあがった物の外観のデザイン性が高い場合は、意匠権もとれる可能性があります。ここで、特許権と意匠権は両方をとることができるということと、特許はとれなくても意匠はとれる場合（またはその逆）があることの2点が重要ですので、ぜひ覚えてください。

たとえば、上記の「タイヤのトレッドパターン」の場合ですと、ある特定の形状のトレッドパターンを有するタイヤが、ある特定の優れた技術的効果（たとえば氷上でもすぐに止まるという効果）を発揮するならば、そのタイヤについて特許をとれる可能性があります。また、同じタイヤのトレッドパターンについてデザインが優れているとして意匠権をとれる可能性があります。特許出願と意匠登録出願の両方を行ったら、技術的効果は認められなくて特許はとれなかったけれど、デザインが優れることは認められて意匠権はとれたということはありえます。特許権がとれなくても意匠権がとれれば、他社は同じトレッドパターンのタイヤを販売することができなくなります。

なお、意匠は「物品」のデザインについて与えられるものですので、「製造方法」や「単純方法」の発明を創作したとしても、意匠権はとれません。

●特許 or 意匠？

商標権とは？

技術者・研究者の方が技術開発した結果、何らかの商品ができあがったとします。この商品を販売する場合、通常、この商品そのものや商品の包装に、商品を特定するためのマークや名前などを付けて販売すると思います。

このマーク等を**商標権**に基づいて保護する法律が商標法です。1つのマーク等について、原則として1者（1社または1企業グループ）が独占して使用できることにして、販売者と需要者を保護します。

技術者・研究者の方がどのようなマーク等を付けるかについては考えないかもしれませんが、どのようなマーク等を付けてよいわけではなく、他人がすでに商標権をもっているマーク等について使用することはできない（使用すると商標権侵害となる）ということを、頭の片隅に入れておいていただけるとよいと思います。

3-11 変更出願

特許出願した後に、その特許出願を実用新案登録出願または意匠登録出願へ変えることができます。同様に、実用新案を特許または意匠、意匠を特許または実用新案へ変えることができます。これを変更出願といいます。ただし、法律上は可能ではあるものの、意匠を特許または実用新案に変更することは、実際はほぼ不可能ですのでご注意ください。

出願した後に出願形式を変えることができる

実用新案登録出願を行った後に「やっぱり特許出願すればよかった！」と思うことがあります。また、実用新案権がとれた後「やっぱり特許権がほしくなった！」と思うこともあります。さらに、特許出願を行ったが拒絶理由通知がきて特許権がとれそうもない場合に「せめて実用新案権はとっておきたい！」と思う場合もあります。

このような場合、実用新案登録出願から特許出願へ、または特許出願から実用新案登録出願へ変える**変更出願**を行うことができます。また、実用新案が登録になって実用新案権が発生していても、それに基づいて特許出願を行うことができます。

また、同様に、特許出願または実用新案登録出願は意匠登録出願へ変更することもできます。ちなみに特許、実用新案、意匠のいずれかから商標へ変更することも、その逆を行うこともできません。

ただし、変更出願はいつでも行うことができるわけではなく時期的な制約があります。実際に変更出願を行いたい場合は、それを確認してください（☞47）。

注意点

注意すべき点は、意匠から特許または実用新案へ変更することは、法律上は可能となっていますが、実際はほぼ不可能ということです。これは変更出願の条件として、変更前と変更後の出願の内容が同じであることが必要なのですが、意匠の出願には、出願人等の情報を示す願書と図面しかないため、それを特許または実用新案へ変更出願しても、そこには願書と図面しかないことになってしまいます。しかし、特許や実用新案は願書と図面の書類だけでは権利をとることができません。発明の技術的な内容を説明する明細書と特許請求の範囲が必要です。したがって、意匠を特許または実用新案へ変更しても、必要書類が足りなくなるので、権利をとることは基本的にはできないのです（☞48）。

また、特許または実用新案から意匠へ変更する場合も注意が必要です。特許または実用新案の出願では図面を提出することができますので、この図面に基づいて意匠への変更出願を行うことができます。しかし、意匠では、原則的には6面図（正面図、背面図、平面図、底面図、右側面図、左側面図）が必要です。これに対して特許出願や実用新案登録出願を行うときに図面として6面図を提出することは、まずありません。特許や実用新案において、図面には、通常、簡略化した図（概略図）を示します。このような概略図は意匠出願に必要な6面図にはなりませんので、意匠出願はできないことになります（☞49）。

よって、特許出願や実用新案登録出願を行った時点で意匠に変更する意思はなかったけれど、出願した後に「やっぱり意匠に変更しよう」と思った場合はうまくいきません。特許または実用新案から意匠へ変更できる場合は、特許または実用新案を出願する時点で、すでに意匠へ変更する可能性があることを予測して書類を作った場合です。「この特許出願は、後から意匠へ変更するかも知れないな」と考えて、特許出願の図面に6面図を予め記載して出願すれば、その後、意匠へ変更することができます。

変更出願は難しい？（3-11）

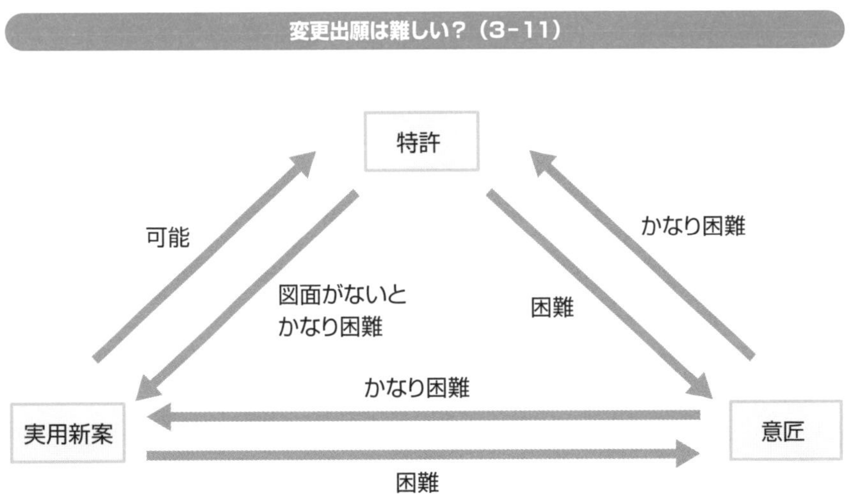

3-12 共同研究の際の注意点

技術者・研究者の方は、他の会社や研究機関の方または大学の先生などと協力して技術開発を行う場合があります。この場合、通常、特許出願人は2者以上になり、共同出願になります。そして、このような共同出願について特許権が得られた場合、それは共有の特許権となります。このような共同出願や共有の特許権にはいろいろな制約がありますので注意が必要です。

共同研究した場合、出願人は1人でもよい？

会社に所属している技術者・研究者の方が発明した場合、その技術者・研究者が発明者となり、その技術者・研究者が所属している会社が特許出願人となる場合がほとんどです。したがって、たとえば会社Aと会社Bの2社の共同で技術開発を行った場合、会社Aに所属する発明者aと会社Bに所属する発明者bが発明者となり、会社Aと会社Bが特許出願人となるのが通常です（1-2節参照）。

まず、2社で技術開発した場合、基本的には2社を特許出願人にしなければなりません。たとえば会社Aが会社Bを無視して勝手に出願することはできません。仮に勝手に出願しても特許権をとることはできません（☞50）。これはその発明について特許出願を行う権利（専門用語で**特許を受ける権利**といいます）が会社Aにも会社Bにもあるからです（☞51）。

ただし、絶対に2社を特許出願人にしなければならないというわけではありません。たとえば、会社Bが有している特許を受ける権利を会社Aが譲り受けることができれば、会社Aのみを特許出願人として特許出願することができます。実際に、共同で開発した発明について単独で特許出願する場合は、会社Aは会社Bから「特許を受ける権利の譲渡証書」をもらうとよいでしょう。

なお、このように会社Aのみが特許出願人となる場合であっても、発明者は発明者aと発明者bになります。

また、上記のように特許出願という行為は、原則として会社Aと会社Bの共同で行わなければならないのですが、法律上、特許出願した後の補正書や意見書の提出は共同で行わなくてもよいことになっています。もちろん、会社Bに何もいわないで会社Ａが勝手に補正書や意見書を提出したら、会社Ｂの会社Ａへの信用はなくなってしまうので、そのようなことは行わないと思いますが、法律上は、そのように単独で行ってもよいことになっています。もし心配であれば、共同出願した際に、補正書や意見書を勝手に提出してはいけない旨の契約を会社Ａと会社Ｂの間で結んでおいた方がよいかもしれません。

特許権が発生した後の注意点

会社Ａと会社Ｂの２社を特許出願人として出願したものについて特許がとれると、その特許権は会社Ａと会社Ｂの**共有**となります。

ここで重要なことは、一方の会社が下請け会社などにライセンスしたり、特許品の製造販売をさせたりしようとした場合、他方の会社の同意が必要となる点です（☞52）。たとえば会社Ａがグループ会社Ｃにその発明を利用して製品を製造させようとした場合、会社Ｂの承諾が必要になるわけです。承諾なしに会社Ｃがその製品を製造したら、特許権を侵害しているとして会社Ｂは会社Ｃを訴えることができます。

なお、全く無関係の会社Ｄが特許品を製造販売していた場合、会社Ａと会社Ｂは、通常、共同で会社Ｄを訴えますが、お互いを無視して勝手に会社Ｄを訴えることもできます。たとえば、何らかの事情で会社Ａが会社Ｄを訴えたくないとしても、それを無視して会社Ｂは会社Ｄを訴えることができます。

このように共同で出願した場合および共有の特許権を得た場合は、手続の種類によって共同で行わなければならなかったり、勝手に行ってよかったりして非常に複雑になります。したがって、必要に応じてできれば専門家に確認したほうがよいと思います。

共同出願と共有の特許権（3-12）

特許出願	原則、共同で行う。
意見書･補正書	単独可
特許発明の実施	同意は不要
ライセンス	同意が必要(ただし一機関の場合は不要)
権利行使	単独可

3-13 先使用権、検証実験の実施、特許表示

この節では、先使用権、検証実験の実施、特許表示（虚偽表示）について説明します。「こんなこともあるのか」という程度に知っておいて頂ければよいと思います。

先使用権とは？

競合他社の特許権が成立したものの、その発明について自社では昔からやっていたという場合、どうなってしまうのでしょうか？ 競合他社の特許権が成立する前は自社は自由に実施できたのに、特許権が成立すると同時に特許権侵害となってしまうのでしょうか？

このような場合、通常は、自社の実施を理由として競合他社の発明に新規性がないことになります。したがって、競合他社の特許を無効にすることができます。しかし、自社が外部にもれないように秘密に実施していたような場合は、競合他社の発明の新規性は失われておらず、特許権が有効な場合があります。

このような場合、競合他社が特許出願をした際に自社でその発明を実施（または準備）していれば、競合他社の特許権が成立しても自社で実施を継続できる場合があります。このように他社の特許権が成立しても、その出願前から自社が実施（または準備）していれば、その後も自社で実施を継続できる権利を**先使用権**といいます（☞53）。

なお、先使用権が成立するためには他にも条件がありますので（☞53）、実際に先使用権の有無を知りたい場合は専門家に確認してください。

検証実験としての発明の実施は特許権侵害ではない？

技術者・研究者の方で特許について比較的よく知っている方の中に「検証実験として発明を実施すれば特許権侵害にならないんだから、競合他社の特許発明を試しにやってみよう」とおっしゃる方がいます。

これについては、検証実験のやり方に注意する必要があります。確かに研究室で検証実験するような場合は、通常、特許権侵害となりません。しかし、実際の工場設備などを用いて製品を製造しながら検証実験を行うことはできません。これは特許

発明を行ったことでできあがったもの（結果物）を販売する行為が特許権侵害になるからです。実際の工場設備などで実験を行うということは、できあがった結果物は通常通り販売するのでしょうから、それは特許権侵害になります。したがって、研究室で検証実験を行った場合でも、検証実験によってできあがった結果物を廃棄しないで販売すれば、同様に特許権侵害となります。

なお、検証実験の結果物を販売しても特許権侵害にならない場合があります。たとえば、実験室内で他人の特許発明である製造装置を作製して、その製造装置を用いて製造したもの（結果物）を販売したとしても特許権侵害ではありません。これは特許発明である製造装置を用いて得た結果物を販売する行為は、そもそも製造装置の特許権を侵害しないからです。このように判断が難しいため、実際に試験や研究として競合他社の特許発明を検証実験してみようと思った場合は、専門家に相談したほうがよいでしょう。

特許表示（虚偽表示）について

特許権をとった発明についての製品を販売する場合に、この製品の包装物やパンフレットなどに「特許権取得済！　特許第○○○号」などのように示す場合があります。もちろん、本当に特許権がとれているならば何ら問題はありません。**特許表示**をした方がその製品は売れるでしょうから、特許権がとれているなら特許表示したほうがよいでしょう。

ここで念のためにお伝えすることは、ウソをついてはいけないということです。本当は特許権がとれていない（たとえば特許出願しただけで特許権はとれていない）のに、特許権がとれたかのように示して販売すると**虚偽表示**の罪に該当し、3年以下の懲役または300万円以下の罰金に処される可能性があります。

●特許表示

3-14 特殊な発明１：選択発明

先行発明が存在しないような独創的な発明を除き、多くの発明は先行発明にちょっとした修正を加えた発明であるため、選択発明であると言えないこともないと思います。したがって選択発明とはどのようなものであり、どうやって権利化し、どのように利用するのかを知っておいた方がよいと思います。

選択発明とは？

先行発明の下位概念に相当する発明であって、先行発明が記載された刊行物等の中に開示されていないものを選択した発明を**選択発明**といいます。

たとえば本発明が「微粒子が分散しているエポキシ樹脂からなる皮膜が付いた鋼板」であり、先行発明が「微粒子が分散している有機樹脂からなる皮膜が付いた鋼板」である場合、本発明と先行発明との違いは「エポキシ樹脂」と「有機樹脂」のみであり、本発明は先行発明に対して下位概念です。

先行発明と本発明の対比（3-13）

本発明	先行発明	対比
微粒子が分散している	微粒子が分散している	同一
エポキシ樹脂からなる被膜	有機樹脂からなる被膜	本発明は先行発明の下位概念
が付いた鋼板。	が付いた鋼板。	同一

この場合、本発明は先行発明の選択発明となっています。本発明が選択発明である場合、先行発明が公知であっても特許権が取得できる場合があります。

本発明と先行発明の関係を示すと図3-14のようになります。

選択発明の概念（3-14）

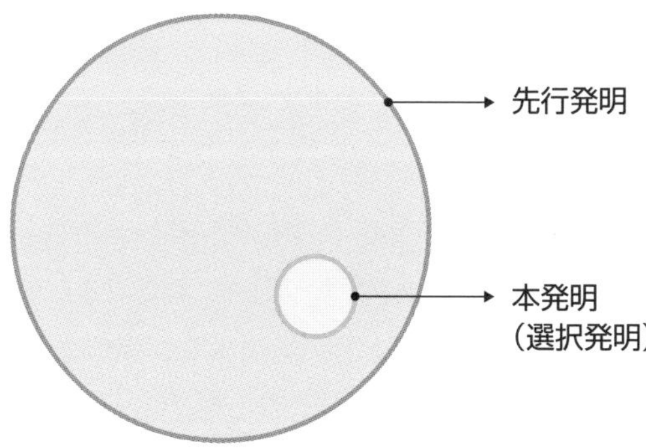

選択発明で特許権が取得できるパターン

典型例として、先行発明の範囲内に、ある特定の効果が高い部分があることに気づき、その部分のみを本発明とする場合が挙げられます。

具体的には、前述のように、本発明が「微粒子が分散しているエポキシ樹脂からなる皮膜が付いた鋼板」であり、先行発明が「微粒子が分散している有機樹脂からなる皮膜が付いた鋼板」であって、さらにエポキシ樹脂を用いた場合のみ、ある特定の効果が高く、他の有機樹脂（ウレタン樹脂、アクリル樹脂、フッ素樹脂など）では、ほとんどその効果が発揮されないことを見い出したとします。この場合、本発明は選択発明として特許権が取得できる可能性があります。

選択発明で特許権が取れる可能性がある（3-15）

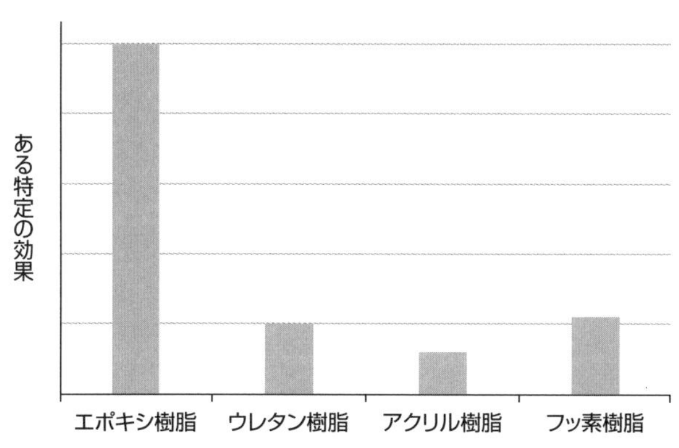

選択発明は先行発明の特許権を侵害するのか

上の表3-13、図3-14における「先行発明」に特許権が設定されていて、後から本発明（選択発明）についても特許権が設定されたとします。ここで、本発明の特許権の権利者が本発明を実施した場合に、先行発明の特許権を侵害することになるのでしょうか。

これに関してP34のCOLUMNでは、本発明（選択発明）が先行発明の**利用発明**に該当する場合、本発明の特許権者は本発明を自由に実施できないと記しました。

しかしながら、先行発明における選択発明に相当する部分は抜け落ちていた（穴があいていた）と考えることができる場合があり、その場合、本発明は先行発明の**利用発明**ではないことになります。そうすると、本発明の特許権者は本発明を自由に実施できます。ここで利用発明に該当するか否かは、選択発明に相当する部分において先行発明の効果を発揮しているのか、効果は発揮しているが選択発明に相当する部分に同質または異質な顕著な効果が奏されるから選択発明として特許権が成立したのか等、様々な面から検討され、個別に判断されることになります。

選択発明が先行発明の特許権を侵害するか否かは、簡単に判断できるものではありません。

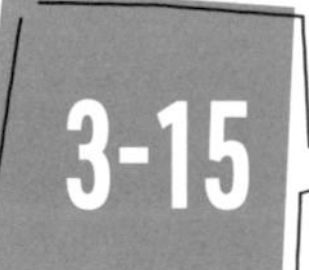

3-15 特殊な発明2：数値限定発明

装置内の特定の部位の長さが特定範囲内であると、特定の効果が高くなる場合があります。他にも、たとえば組成物の発明において特定の成分の含有率が特定範囲内の場合や、製造方法の発明において処理時間が特定範囲内の場合に、特定の効果が高くなることがあります。このような場合、数値範囲を用いて発明をあらわすことができます。このような数値限定発明は多くの技術分野で適用することができます。

数値限定発明とは？

数値範囲を含んでいる発明を**数値限定発明**といいます。数値限定発明は前述の選択発明の一態様ということになります。また、後述するパラメータ発明は数値限定発明の一態様と考えられます。

選択発明、数値限定発明、パラメータ発明の関係（3-16）

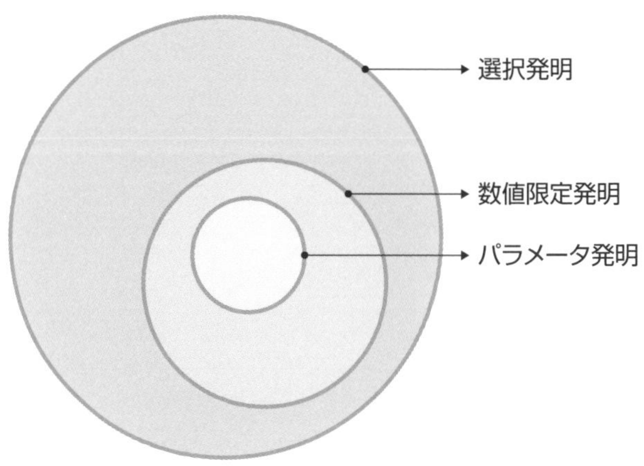

数値限定発明の新規性

例えば先行発明が「平均粒子径が1～100μmである微粒子が分散しているエポキシ樹脂からなる皮膜が付いた鋼板」であり、本発明が「平均粒子径が20～50μ mである微粒子が分散しているエポキシ樹脂からなる皮膜が付いた鋼板」であるとします。

先行発明と本発明との対比（3-17）

先行発明	本発明	対比
平均粒子径が1～100μmである微粒子が分散している	平均粒子径が20～50μmである微粒子が分散している	本発明は先行発明の下位概念
エポキシ樹脂からなる被膜	エポキシ樹脂からなる被膜	同一
が付いた鋼板。	が付いた鋼板。	同一

この場合、本発明は先行発明の一部ですので選択発明ということもできますが、数値範囲を含んでいるため、選択発明の中でも特に数値限定発明ということになります。この場合、先行発明が公知であっても本発明は特許権が取得できる場合があります。

先行発明と本発明との対比（3-18）

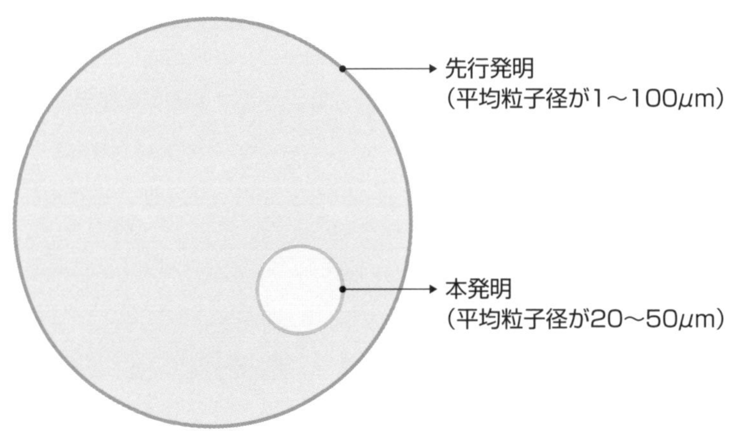

数値限定発明の進歩性

数値限定発明の場合、数値範囲を適時調整することに困難性はないという理由で進歩性が認められず、特許が取れないことがあります。

このような場合の対処法はいくつか考えられますが、典型例として、先行発明で規定される数値範囲内に、ある特定の効果が高い数値範囲があることを見い出し、その部分のみを本発明とする場合が挙げられます。この考え方は、前述の選択発明の場合と同様となります。

具体的には、前述のように、先行発明が「平均粒子径が1～100μmである微粒子が分散しているエポキシ樹脂からなる皮膜が付いた鋼板」であり、本発明が「平均粒子径が20～50μmである微粒子が分散しているエポキシ樹脂からなる皮膜が付いた鋼板」である場合において、平均粒子径が20～50μmの場合のみ、ある特定の効果が高いとします。この場合、本発明は特許権が取得できる可能性があります。

進歩性が認められるパターン（3-19）

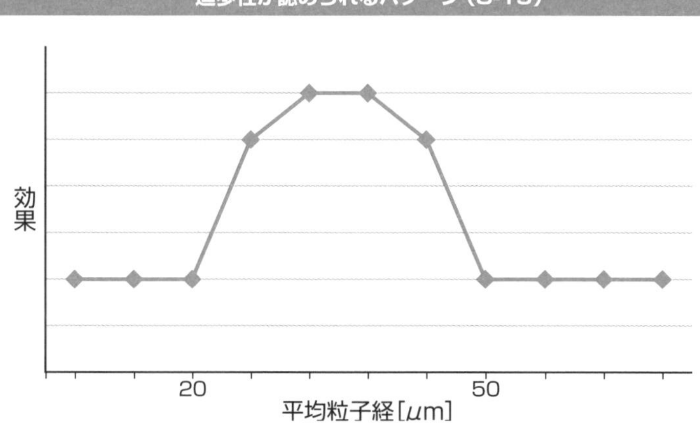

なお、ここで微粒子の平均粒子径が20～50μmである場合に発揮される「ある特定の効果」が同質顕著な効果である場合、平均粒子径が20μmおよび50μmであるときに臨界的意義が求められますが、「ある特定の効果」が異質な効果である場合、この臨界的意義は求められません。ここで臨界的意義とは、図3-19に示すように変曲点が認められることを意味しています。同一顕著な効果および異質な効果の意味については2-4節を参照して下さい。

特殊な発明３：パラメータ発明

パラメータが新規であること「のみ」によっては、パラメータ発明の新規性は認められないという点が重要です。また、パラメータ発明は、明細書の書き方を間違えると実施可能要件違反や記載要件違反となり、特許が取れなくなってしまうので注意が必要です。

パラメータ発明とは？

下記のような、奇妙な数式を含む発明（請求項）を見たことがあるかもしれません。一般的に**パラメータ発明**と呼ばれています。

【請求項１】

平均粒子径がR（μm）のシリカ微粒子を含む塗料を鋼板の表面に塗布し、厚さがH（μm）の被膜を形成し、その後、密閉容器に入れ、その密閉容器内の湿度をh（%）に調整する表面処理方法であって、R、H、hが、$3 < R^2 \cdot H^3 / h^{(1/2)} < 4$の関係を満たす、表面処理方法。

パラメータ発明の定義として確立されたものはありませんが、『「発明者が自己の発明を特定するために創出した独自の技術的変数（特殊パラメータ）を用いて特定した発明」または「独自のものでなくても当該技術分野では慣用されていないパラメータを用いて特定された発明」』（参考文献（6）参照）という定義は妥当で、かつ分かりやすいと思います。

パラメータが新規であること「のみ」によっては発明の新規性は認められない。

パラメータ発明について特許を取ろうとするときの注意点として、「パラメータが新規であること「のみ」によっては発明の新規性は認められない」という点が挙げられます。

これについて具体例を挙げて説明します。

私は日頃、パラメータ発明について特許出願のご相談を頂くことがありますが、そのパラメータ発明におけるパラメータは、実際のところ、次の2つの例のように「見つけた特性」であることが多いです。

（例1）従来品（金属材料）のX線回折パターンをとってみたら珍しい形だったので、これに基づいて「X線回折パターンの形が……である金属材料」という発明を出願したい。

（例2）従来品（装置）の性能が高い理由を調べたら、A部位の長さとB部位の長さとの関係が○○の式を満たすと良いことが分かったので、「A部位の長さとB部位の長さとの関係が○○の式を満たす○○装置」という発明を出願したい。

ここで例1の「X線回折パターンの形が……である金属材料」、例2の「A部位の長さとB部位の長さとの関係が……の式を満たす○○装置」のいずれも発明者が見出したものですから、このようなパラメータそれ自体およびこれに類似するパラメータは先行技術文献に記載されていません。

この場合、パラメータ自体が先行技術文献に記載されていないからという理由で特許が取れると勘違いしている方が少なからずいらっしゃいます。

しかし、例1および例2の場合、従来品における「これまで知られていなかった特性」に今になって気がついただけです。

前から見て四角に見えていた物を、上から見たら円形であることに気が付いたので、従来、四角であると言っていた物を「円形の新規の物だ」と言っているようなもので、見る角度を変えただけにすぎず、その「円形の物」は従来品であることに変わりはありません。

つまり、例1の場合であれば「X線回折パターンの形が……である金属材料」という発明は、従来品（金属材料）を従来に無い方法で表現したに過ぎません。従来品であることに変わりありません。

例2の場合も同様に「A部位の長さとB部位の長さとの関係が……の式を満たす○○装置」という発明は、従来品（組成物、装置）を従来に無い方法で表現したに過ぎません。従来品はその関係式を満たしています。

したがって、これらの発明はいずれも新規性が無いということになります。

測定方法が記載されていなければパラメータ発明は権利化できない

パラメータ発明について特許を取ろうとしたときのもう1つの注意点として、「明細書に測定方法が記されていなければパラメータ発明は権利化できない」という点が挙げられます。

パラメータ発明では、明細書の中に、侵害が疑われるものがその発明の範囲内であるか否かを判断する方法を当業者が理解できるように記載されている必要があります。これができていないと実施不可能（2-5参照）、記載要件違反（2-6参照）と判断され、特許権が取得できなくなるのが通常です。また、判例上では、仮に権利化できたとしても権利行使が不可能とされています。

たとえば過去の裁判（ビニル重合体事件（S54（ネ）第2813））では特許請求の範囲（請求項）に「成分Aが10%以下」と規定されているのに、明細書等の中に成分Aの測定方法が記載されておらず、その記載から当業者も理解できないため、侵害が疑われる製品があったとしても、その製品が特許請求の範囲に記載された発明の技術的範囲に含まれるのか否かを判断することができず、そうであるならば権利行使することはできない、と判断されました。

また、たとえば別の裁判（感熱転写シート事件（H11（ワ）第17601））では、出願人（または発明者）が新規に作った「平均マット深度」というパラメータを用い、特許請求の範囲（請求項）において「平均マット深度が0.15〜2μであるもの」と規定されていたものの、明細書等の中に「平均マット深度」の測定方法が記載されていませんでした。そして、明細書等の記載から「平均マット深度」を決定することができないため、侵害が疑われる製品があったとしても、その製品が特許請求の範囲に記載された発明の技術的範囲に含まれるのか否かを判断することができず、そうであるならば権利行使することはできない、と判断されました。

したがってパラメータ発明について特許を取ろうとするときは、侵害が疑われる物が、その発明の範囲内であるか否かを判断する方法を当業者が理解できるように、明細書に測定方法等を記載してください。

3-17 特殊な発明４：組成物発明

組成物の発明は数値限定発明と似ているように見えるかもしれませんが、決定的に異なる点があります。組成物ではその特殊性に着目して先行発明との差異を出すことで新規性や進歩性が認められ、特許権が取れることが多くあります。

組成物発明とは？

塗料、ゴム、ガラス、合金に関する発明のように、特定成分を特定範囲の比率で含有することに特徴を有する発明が**組成物発明**です。具体的には「A成分を17〜20質量%、B成分を37〜40質量%、C成分を45〜60質量%含む塗料」のような発明が挙げられます。

組成物発明の特徴

組成物発明と数値限定発明は似ているように見えると思いますが、決定的に異なる点があります。それは、組成物発明では全成分の含有率の合計が必ず100%になり、ある成分の含有率の増減が、他の成分の含有率に影響するということです。

たとえば先行発明の「A成分を20%、B成分を40%、C成分を40%含む塗料」が公知であった場合に、上に具体例として挙げた塗料の発明（本発明）の新規性および進歩性が否定されるかを検討してみます。

まず、新規性についてです。表3-20に示すように、先行発明のA成分（20%）は、本発明のA成分（17〜20%）の範囲内、先行発明のB成分（40%）は、本発明のB成分（37〜40%）の範囲内ですが、先行発明のC成分（40%）は、本発明のC成分（45〜60%）の範囲外です。これより、本発明は先行発明に対して新規性があると言えます。

組成物発明の新規性（3-20）

	本発明	先行発明	対比
A成分	17～20%	20%	範囲内
B成分	37～40%	40%	範囲内
C成分	45～60%	40%	範囲外
合計	100%	100%	－

次に進歩性について検討します。C成分だけが先行発明からやや外れている場合に、「先行発明のC成分は40%であるが、これを5%だけ増やして45%とすれば本発明の範囲内であるので、本発明は先行発明から容易に想到することができ、進歩性は無い」といえるのでしょうか。

たしかに先行発明と本発明のC成分は5%しか違いません。しかし、先行発明のC成分を5%増やすということは、同時に、A成分とB成分を合計で5%減らすことを意味しています。たとえばC成分を5%増やす代わりにA成分を5%減らしたならば、先行発明におけるA成分は15%となり、本発明の範囲外となります。B成分を5%減らした場合も、先行発明のA成分は35%となり、本発明の範囲外となります。このように考えると、単に「C成分の含有率が5%しか違わない」ということを理由に、「本発明は先行発明から容易に想到することができるから進歩性は無い」とは言えない可能性があります。

このような組成物発明の特殊性に起因して、組成物発明の拒絶理由通知書に挙げられる先行発明は、ほとんど、先行技術文献に記されている実施例であって、本発明の範囲内となっているものです。

実際の拒絶理由通知では、上記のような特殊性に着目して対応（補正書、意見書の作成）することが重要になります。

3-18 特殊な発明5：除くクレーム

拒絶理由通知書において「本発明は引用発明と重なっている部分があるため新規性がない」と指摘されたときに、その重なり部分のみを本発明から取り除く補正を行うと、通常、本発明は除くクレームとなります。除くクレームとすることで新規性を出すことはできますが、多くの場合、進歩性は出ません。したがって除くクレームとする補正を行うケースは多くはないと思います。

除くクレームとは？

請求項に記載した事項の記載表現を残したままで、請求項に係る発明に包含される一部の事項のみをその請求項に記載した事項から除外することを明示した請求項を、一般的に**除くクレーム**といいます（参考文献（4）第Ⅳ部 第2章 3.3.1（4）参照）。

出願する段階で請求項を除くクレームとすることはありません。出願後、出願審査請求を行い、その後に来た拒絶理由通知書において「本発明は引用発明と重なっている部分があるため新規性がない」と指摘されたときに、その重なり部分のみを本発明から除く補正を行うと、通常、本発明は除くクレームとなります。

たとえば本発明について「陽イオンとしてNaイオンを含有する無機塩を主成分とする鉄板洗浄剤。」と請求項1に記載して出願した後、引用発明として「陰イオンとしてCO_3イオンを含有する無機塩を主成分とする鉄板洗浄剤。（具体例：陽イオンをNaイオンとした例）」が挙げられたとき、本発明から引用発明との重なりを除外する目的で、本発明の請求項1を「陽イオンとしてNaイオンを含有する無機塩（ただし、陰イオンがCO_3イオンの場合を除く。）」と補正した場合、補正後の本発明の請求項1は除くクレームということになります（参考文献（4）第Ⅳ部 第2章 3.3.1（4）参照）。

除くクレーム（3-21）

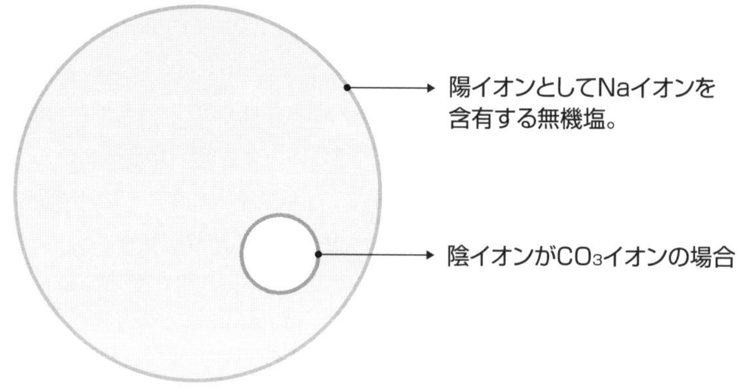

除くクレームの進歩性

除くクレームとすることで、引用発明との重なり部分が無くなりますので、原則として除くクレームとした本発明は引用発明に対して新規性を有することになります。

しかしながら、引用発明に対して進歩性を有するとは限りません。

特許・実用新案審査基準の同箇所には『「除くクレーム」とすることにより特許を受けることができる発明は、引用発明と技術的思想としては顕著に異なり本来進歩性を有するが、たまたま引用発明と重なるような発明である。引用発明と技術的思想としては顕著に異なる発明ではない場合は、「除くクレーム」とすることによって進歩性欠如の拒絶理由が解消されることはほとんどないと考えられる。』と記載されています。これを読むと、除くクレームとしても進歩性は認められず、特許は取れないようにも読めます。

しかしながら、除くクレームとすることで進歩性が認められ特許を取得できた（または除くクレームに訂正することで特許が無効にならなかった）数少ない裁判例を検討してみると、引用発明における課題を解決するための必須構成要件を除いてしまう「除くクレーム」とすることで、引用発明から本発明へ至る動機づけが否定され、本発明の進歩性が認められることが分かります。

たとえば引用発明が「エポキシ樹脂からなる部材Ｚを備える装置。」であり、本発明が「有機樹脂からなる部材Zを備える装置。」である場合、本発明は引用発明に対して新規性がありませんが、引用発明が記載されている引用文献に「本発明では……という課題を解決するためにエポキシ樹脂を用いることが必須である」のような記載がある場合や、課題解決のためのためにはエポキシ樹脂を用いることが必須であると言える何らかの理由があるような場合、本発明を「有機樹脂（ただしエポキシ樹脂を除く）からなる部材Zを備える装置。」と補正して除くクレームにすることで、引用発明から本発明へ想到しないとして本発明の進歩性が認められる可能性があります。

除くクレームで進歩性が認められるケース（3-22）

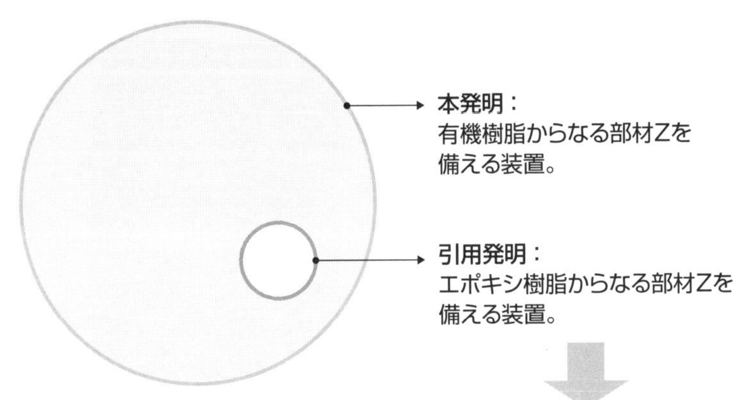

引用発明においてエポキシ樹脂を用いることが必須（他の有機樹脂では課題を解決できない）と言える場合、引用発明から本発明に想到しないとして、除くクレームに補正した本発明の進歩性が認められる可能性がある。

COLUMN ペコちゃん人形には商標権が付与されている！

3-10節で簡単に説明したように、商品を特定するためのマーク等に商標権が付与される場合がありますが、非常にマレではあるものの、商品を特定するための立体的形状に商標権が付与される場合があります。

代表例として(株)不二家のペコちゃんの商標（商標登録第4157614号）が挙げられます。その他にもヤクルトの容器（商標登録第5384525号）やコカ・コーラのビン（商標登録第5225619号)、さらには、きのこの山（商標登録第6031305号）の立体的形状にも商標権が付与されています。

しかし、前述のように立体的形状に商標権が付与されるのは非常にマレです。

したがって、技術者・研究者の皆さまが形状に特徴があるものを発明した場合、まずは特許が取れないかを検討し、無理であれば意匠権の取得を検討して下さい。

商標登録第4157614号公報より

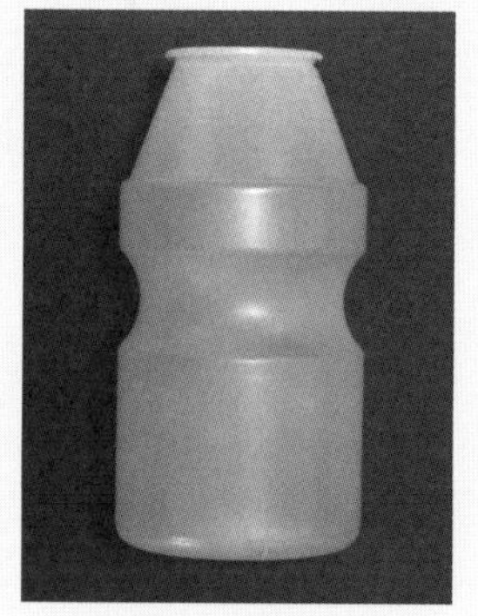

商標登録第5384525号公報より

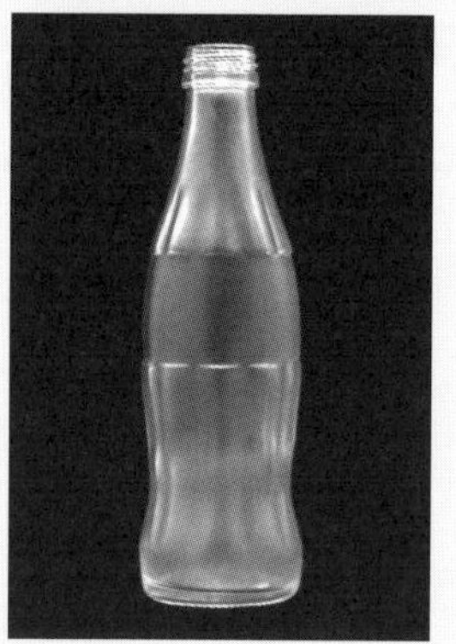

商標登録第5225619号公報より

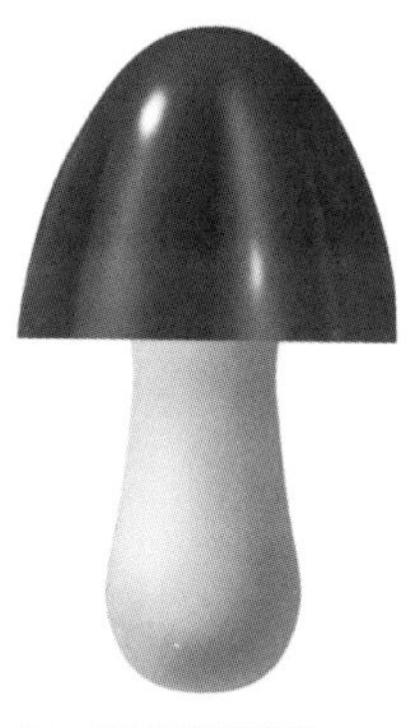

商標登録第6031305号公報より

発明したら初めに先行技術を調査しよう

この章から、実際の特許出願を行う上で必要な実務的知識について説明します。なかでもこの章に説明する先行技術調査は発明が完成したら初めにやるべきことです。先行技術調査が不得意な技術者・研究者の方が多いですが、この章の内容をマスターしていただければ、満点ではないとしても、技術者・研究者に求められるレベル以上の先行技術調査ができるようになるはずです。

4-1 どうすれば発明できるのか？

技術者・研究者の方の主な業務は技術開発ですから、発明することが仕事とも考えられます。また、多くの会社では「技術者・研究者は1年に○件の特許出願をしなければならない」というようなノルマを課しています。したがって、「どうやって発明するのか？」という質問に対する明確な回答があれば、技術者・研究者の方にとっては非常に有効と思います。この節はその回答にはならないかもしれませんが、ヒントにはなると思います。

発明はどこに存在するのか？

「発明」というとノーベル賞がとれるようなレベルの高いもので、自分にはとても思いつかない、と思っている方がいます。

しかし、企業や研究機関に所属している技術者・研究者の方は、通常、日々の仕事を行う中で特許の取得が可能なレベルの発明をしています。

これについて、例として私の場合を挙げて説明したいと思います。

以前、私は製鉄所で技術者をしていたのですが、そこで「新しく建設した製造設備を利用して、集塵ダストから還元ペレットを作る」という仕事を担当することになりました。ここで、「研究室レベルでは、集塵ダストから還元ペレットを作ることができる。」ということは、以前から、私以外の研究者によって明らかになっていました。しかし、実機レベルでは集塵ダストから還元ペレットを製造できてはいなかったのです。つまり、「研究室レベルではできたことを、実機に適用して、量産できるようにする」という業務を行うことになったのです。

研究室レベルで可能であることが、実機で可能とは限りません。むしろ、研究室での実験でわかった知見を実機に適用しようとしても、うまくいかないことの方が多いと思います。実機に適用すると新たにいくつもの技術的な問題が生じ、それを解決するための工夫をします。研究室レベルでの知見とは全く異なる条件に調整しなければならなかったり、装置の一部の形を変更したりして、次々に発生する技術的問題を1つ1つ解決していくことで、やっと実機で量産できるようになります。私もこの業務を行った際、かなり苦労しました。例えば、研究室では何ら問題なく集塵ダストから還元ペレットを作れたのに、実機では作れるときと作れないときがあり、これを安定させるためのポイントを見つけるために様々な試行錯誤を繰り返しました。また、生産量が予定よりも低くなっていたので原因を探ったところ、ある設備の一部分の形状と配置が悪いことがネックになっていることがわかり、この設備の調整を行いました。

発明はここにある

技術者・研究者の方は、上記の例のような業務を行うことがあると思いますが、このような業務を行った場合、どのような特許出願を行うことができるのでしょうか。言いかえれば、このような業務において発明はどこにあるのでしょうか？

例えば上記の例の業務を行った技術者が、どのような発明について特許をとれるか考えてみてください。

多くの方が「集塵ダストから還元ペレットを作る方法について発明したのだから、これについて特許がとれるはずだ。」と思うのではないでしょうか。

しかし、この技術者は「集塵ダストから還元ペレットを作る方法」について特許をとることができません。これについて特許をとることができるのは、この技術者ではなく、以前に研究室でこの知見を見出した研究者です。

それではこの技術者は何も発明していないのでしょうか？ いえいえ、そんなことはありません。

この技術者は「実機にて集塵ダストから還元ペレットを量産すること」を実現するために、いくつもの技術的問題を解決しました。例えば、実機で安定して集塵ダストから還元ペレットを作るためのポイントや、生産量を上げるためのポイントを見出しました。その1つ1つの技術的問題の解決のためのポイントが発明そのものであり、それぞれの発明（ポイント）について特許をとることができる可能性があるのです。

よって、技術者・研究者の方が上記の例のような業務を行うと、数個から、多い場合には数十個の特許出願を行うことができる場合もあります。

このように企業や研究機関に所属している技術者・研究者の方は、日々の仕事を行いつつ発明をしていると考えられます。何らかの技術的問題があって、それをうまく解決するポイントを見出した場合、先行技術調査をして、会社の知的財産部等の専門家に相談してみてください。特許出願できる場合は多々あります。

発明が埋もれないように定期的に発明発掘会議を行っている会社もたくさんあります。この会議には発明者と知的財産部員の他、特許事務所に所属する専門家（弁理士）を加えて行う場合が多いようです。発明発掘会議にて技術者・研究者の方に「技術開発において苦労した点」を説明してもらうと、いくつもの発明が見出されることが多いと思います。

技術者・研究者が特許出願のノルマをこなすには？

期末になると特許出願のノルマをこなすことができずに頭をかかえる技術者・研究者の方は多いと思いますが、上記のように技術者・研究者の方は日々の業務の中でいくつもの発明を創造しています。

うまく発明を捻出できない場合は、「自分が行ってきた技術開発において苦労した点はどこか？」とか、「研究室レベルのものを実機化するためのポイントはどこにあったか？」というような観点から、もう一度考えてみてください。特許出願するに値する発明はいくつもでてくると思います。

●発明をひねり出す方法

せっかく創造した発明はできるだけ特許出願しよう

技術者・研究者の方はせっかく発明を創造しても「こんなレベルが低い発明は出願しても特許はとれないだろうな」と考えて、特許出願を行わない場合があります。

しかし、本当にレベルが低いのでしょうか？ 本当に特許がとれないのでしょうか？ このような場合、技術者・研究者の方は「特許がとれるか否か」を感覚的に判断してしまっている場合がほとんどです。

ぜひ、技術者・研究者の方は、発明を創造したら特許がとれるか否かを感覚的に判断するのではなく、次節以降に説明する方法で先行技術調査を行ったうえで、「本発明と同じ発明が記載されている公開特許公報があるか」という観点から新規性の有無を判断してください。すでに同じ発明が公開特許公報に記載されている場合、創造した発明は「新規性がない」ということになります。この場合は特許はとれないので、この発明について特許出願はしないという判断ができます。

しかし、先行技術調査を行った結果、「本発明と同じ発明が記載されている公開特許公報はない」ということであれば、特許がとれる可能性がありますので、特許出願したほうがよいことになります。

ここで、賢明な方は「新規性があっても進歩性がない発明は特許がとれないのだから、同じ発明が記載されている公開特許公報がなかったとしても、類似している発明が記載されていたならば、特許出願すべきではないだろう。」と考えると思います。

しかし、私は発明に新規性があると判断できるならば、進歩性が無いかもしれないと思っても、特許出願するべきと考えます。これは経験上、そう思うのです。たとえば、ある特許出願について特許庁の審査官に審査をしてもらい、その結果、審査官は「進歩性がないから拒絶」として拒絶査定がでたのに、その後、拒絶査定不服審判を請求して審判になったら、審判官に「進歩性がある」とあっさり認められて特許がとれたことが何回もあります。このようなことからして、私は「審査官や審判官のような専門家でも進歩性の判断は難しく、人によっても判断が変わるものである。」と思うのです。

したがって「新規性があるなら特許出願してみて、進歩性があるかないかは審査官次第である。」と考えた方がよいと思っています。

4-2 検索方法の種類と特徴を知ろう

特許情報プラットフォーム（J-PlatPat）等の検索ツールを利用して、キーワード検索、FI検索、Fターム検索などを行うことができます。各々の検索方法にはメリットとデメリットがありますので、それらを知っておくことが重要です。これらの中でもキーワード検索は簡単で頻繁に利用するので、初めにマスターしてください。

検索方法の種類とそれらの特徴

先行技術調査を行うための検索ツールにはいろいろなものがあります。もっとも有名なものとして、（独）工業所有権情報・研修館が運営している**特許情報プラットフォーム（J-PlatPat）**が挙げられます。これは無料で利用できます。また、他にも有料の商用データベースがいくつかあります。

J-PlatPatを用いるといろいろな種類の検索方法を行うことができますが、主なものとしてキーワード検索、FI検索、Fターム検索が挙げられます。また、商用データベースを用いると引用文献・被引用文献検索なども行うことができます。

これらの検索方法の各々には、メリットとデメリットがありますので、まずはそれを理解しましょう。

なお、以下に示すキーワード検索、FI検索、Fターム検索のメリットとデメリットは、J-PlatPatを用いた場合のものです。

①キーワード検索

キーワード検索は、キーワードを入力するだけの検索です。

○ メリット	• もっとも簡単な検索方法です。
△ デメリット	• キーワードの選び方を間違えるとうまく検索できません。 • キーワードに完全に一致する文言のみが検索されます。たとえば平仮名表記と、カタカナ表記と、漢字表記とは区別されてしまいます。ただし、次の①～④のパターンについては異表記でも検索されます。①長音記号「ー」、マイナス「－」、ハイフン「‐」、ダッシュ「―」、②拗音及び促音（「ア」と「ァ」、「ツ」と「ッ」、「よ」と「ょ」等）、③アルファベット、数字、カタカナの全角、半角、④アルファベットの大文字、小文字。

 デメリット	• 同義語や、上位概念・下位概念をどの程度まで考慮するかの選択が難しくなります。 • 公開特許公報の場合、1971年以降に公開されたものだけしか検索できません。それよりも古いものは検索できません。

②FI検索

FI（ファイル・インデックス）は、国際特許分類（IPC）の分類をいっそう細かく展開したものです。

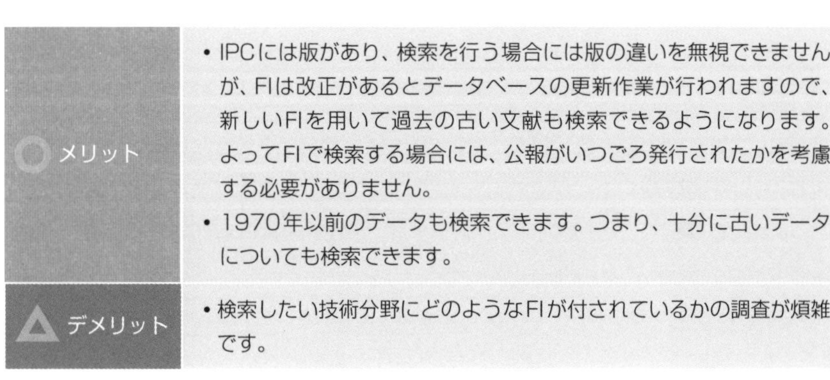

メリット	• IPCには版があり、検索を行う場合には版の違いを無視できませんが、FIは改正があるとデータベースの更新作業が行われますので、新しいFIを用いて過去の古い文献も検索できるようになります。よってFIで検索する場合には、公報がいつごろ発行されたかを考慮する必要がありません。 • 1970年以前のデータも検索できます。つまり、十分に古いデータについても検索できます。
デメリット	• 検索したい技術分野にどのようなFIが付されているかの調査が煩雑です。

③Fターム検索

Fタームとは、特許庁における審査の効率を高めるために、FIとは別の観点で付与された日本独自の分類記号です。

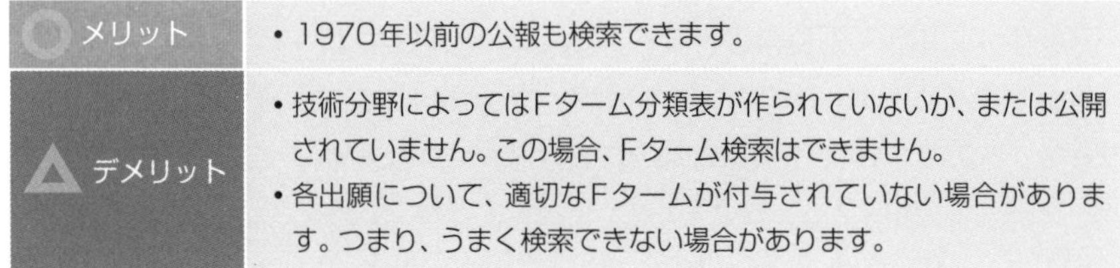

メリット	• 1970年以前の公報も検索できます。
デメリット	• 技術分野によってはFターム分類表が作られていないか、または公開されていません。この場合、Fターム検索はできません。 • 各出願について、適切なFタームが付与されていない場合があります。つまり、うまく検索できない場合があります。

④引用文献・被引用文献検索

引用文献・被引用文献検索は、特許庁がすでに行った先行技術調査の結果を利用する検索方法です。

メリット	• 簡単な割には目的とする文献を見つけやすい方法です。
デメリット	• 検索方法として正攻法とはいえず、十分なレベルの検索ができるとはいえません。

技術者・研究者の方が身につけるべき検索方法

このように各検索方法にはメリットとデメリットがあり、いずれも万能ではありません。したがって、いくつかの検索方法を組み合わせて検索を行うべきです。実際、特許庁の審査官や特許事務所の専門家が先行技術調査を行う場合は、主にキーワード検索、FI検索およびFターム検索を組み合わせて調査を行います。

しかしながら技術者・研究者の方は特許出願に際して、先行技術調査のために多くの労力や時間を割くことができないので、いくつかの検索方法を組み合わせた高レベルな検索を行うことは難しいと思います。また、検索の専門家と同レベルの検索能力を身につけることも非現実的です。

そこで、技術者・研究者の方が特許出願を行うに際して、自身の発明に近い先行技術文献を調査する場合、簡略化した検索を行えば十分であろうと私は考えます。

具体的には、初めにキーワード検索を行い、それによって得た情報を利用して引用文献・被引用文献検索を行うという検索方法です。このような検索方法は十分な結果が得られるとはいえませんが、非常に簡単ですので誰でもすぐに身につけることができます。また、簡単な割には検索の精度は高いです。

そして、キーワード検索と引用文献・被引用文献検索を身につけたうえで、余裕があれば、FI・Fターム検索にトライするとよいと思います。FI・Fターム検索を行うためには、FI・Fタームの構造等を理解したうえで、さらに検索ツールの使用方法を理解する必要があり、多くの知識と経験が必要になります。

以下では、初めにキーワード検索について説明します。そして、その後に引用文献・被引用文献検索、FI・Fターム検索について説明します（☞54）（☞55）。

COLUMN 「いきなり！ステーキ」のステーキ提供システムは発明に該当するのか？

株式会社ペッパーフードサービスによる「いきなり！ステーキ」のビジネスの特徴そのものについての出願が特許査定となり、特許権が発生（特許第5946491号）したものの、それを不服として他者から異議が申立てられました。そして、「ステーキ提供方法はステーキ店において注文を受けて配膳をするまでに人が実施する手段を特定したものであるから発明ではない」という理由で、特許を取消す決定がなされました。しかし、株式会社ペッパーフードサービスは、その取消決定が不服であるとして知財高裁で訴訟を起こし、最終的には逆転で特許権は維持されることになりました。

この特許の内容（請求項1）は以下の通りです。

【請求項1】

お客様を立食形式のテーブルに案内するステップと、お客様からステーキの量を伺うステップと、伺ったステーキの量を肉のブロックからカットするステップと、カットした肉を焼くステップと、焼いた肉をお客様のテーブルまで運ぶステップとを含むステーキの提供方法を実施するステーキの提供システムであって、上記お客様を案内したテーブル番号が記載された札と、上記お客様の要望に応じてカットした肉を計量する計量機と、上記お客様の要望に応じてカットした肉を他のお客様のものと区別する印しとを備え、上記計量機が計量した肉の量と上記札に記載されたテーブル番号を記載したシールを出力することと、上記印しが上記計量機が出力した肉の量とテーブル番号が記載されたシールであることを特徴とする、ステーキの提供システム。

特許異議申立てでは「これは発明ではない」と判断されたものの、知財高裁では「これは発明だ」と判断したため特許は維持されることになりました。しかし、この判断の当否については専門家の中でも意見が分かれています。それほど微妙な判断だったと思います。

技術者・研究者の皆さまは「発明の該当性」（2-2参照）のような難しい話には深入りせず、上記のステーキの提供システムのようなものであっても、特許として成立する場合があるのだということを知っておくと良いと思います。

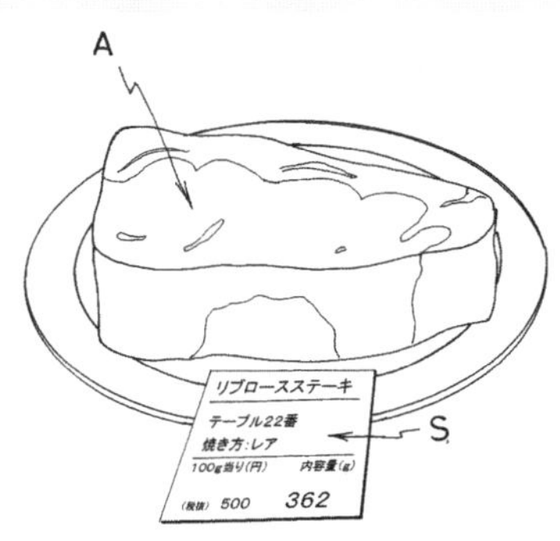

特許第5946491号公報の図3より

4-3 キーワード検索で実際に検索してみよう

キーワード検索はもっとも簡単な検索方法です。利用方法を間違わなければ、キーワード検索だけでもかなり精度のよい検索ができます。頻繁に利用することになりますので、まずはこの検索方法をマスターしてください。本節ではJ-PlatPatを用いたキーワード検索について具体例を用いて説明します。

初めに検索するキーワードを決める

「イチゴを含む大福型アイス」に関する発明をしたとします。この発明について先行技術調査を行ってみましょう。

キーワード検索では、発明を表すキーワードをいくつか挙げて、これを用いて検索します。「イチゴを含む大福型アイス」を表すキーワードは何でしょうか？ 思いつくキーワードとしては「イチゴ」「アイス」「もち」が挙げられると思います。

ここで多くの方は、単にこの３つのキーワードのみを用いて検索してしまいます。しかし、それではあまりにも不十分です。それはキーワード検索の場合、原則としてキーワードに完全に一致する文言「のみ」が検索されるからです。たとえば「イチゴ」で検索すると、「いちご」や「苺」と記載されている文献はヒットしないのです。

そこで、上記の３つのキーワードの各々について、別表記や、同じ意味であって異なる単語（同義語）を考えてみます。そうすると、たとえば「イチゴ」については「いちご」「苺」が挙げられます。また、「アイス」については「冷菓」、「もち」については「モチ」「餅」「大福」が考えつくと思います。

そして、「イチゴ」または「いちご」または「苺」を含み、かつ「アイス」または「冷菓」を含み、かつ「もち」または「モチ」または「餅」または「大福」を含む先行技術文献を検索します。このようにすることで検索の精度を大幅に高めることができます。

なお、同義語は、そのキーワードについて辞書やインターネットの検索エンジンを用いて調べると見つけやすいと思います。

J-PlatPatを用いたキーワード検索の具体例

それでは上記の方針で、J-PlatPatを用いて具体的にキーワード検索を行ってみましょう。

①特許庁のHPから特許情報プラットフォーム（J-PlatPat）へ入ります。

②J-PlatPatのトップページが開いたら、検索メニューの「特許・実用新案」をクリックします。

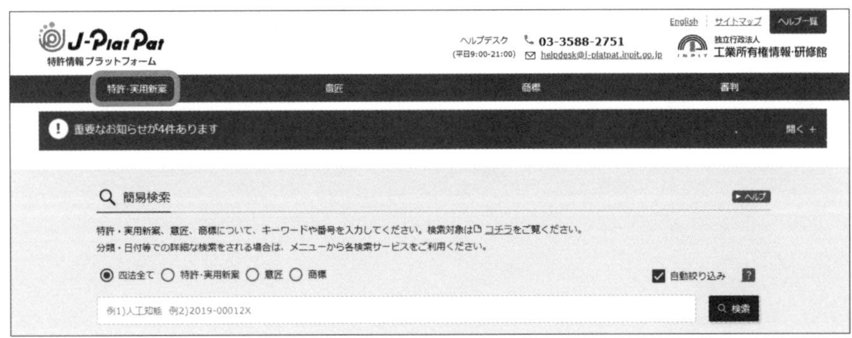

※J-PlatPatは（独）工業所有権情報・研修館が運営、管理するサイトです。

③「特許・実用新案検索」をクリックします。

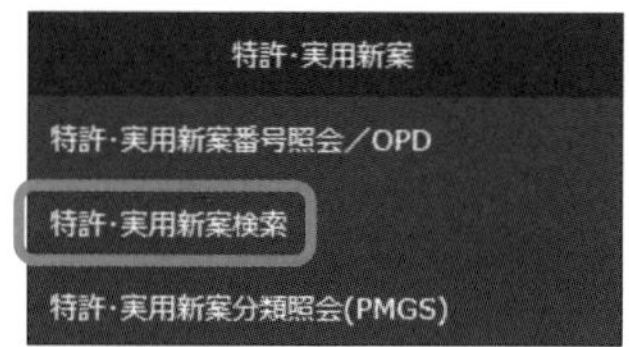

④次のような画面になります。

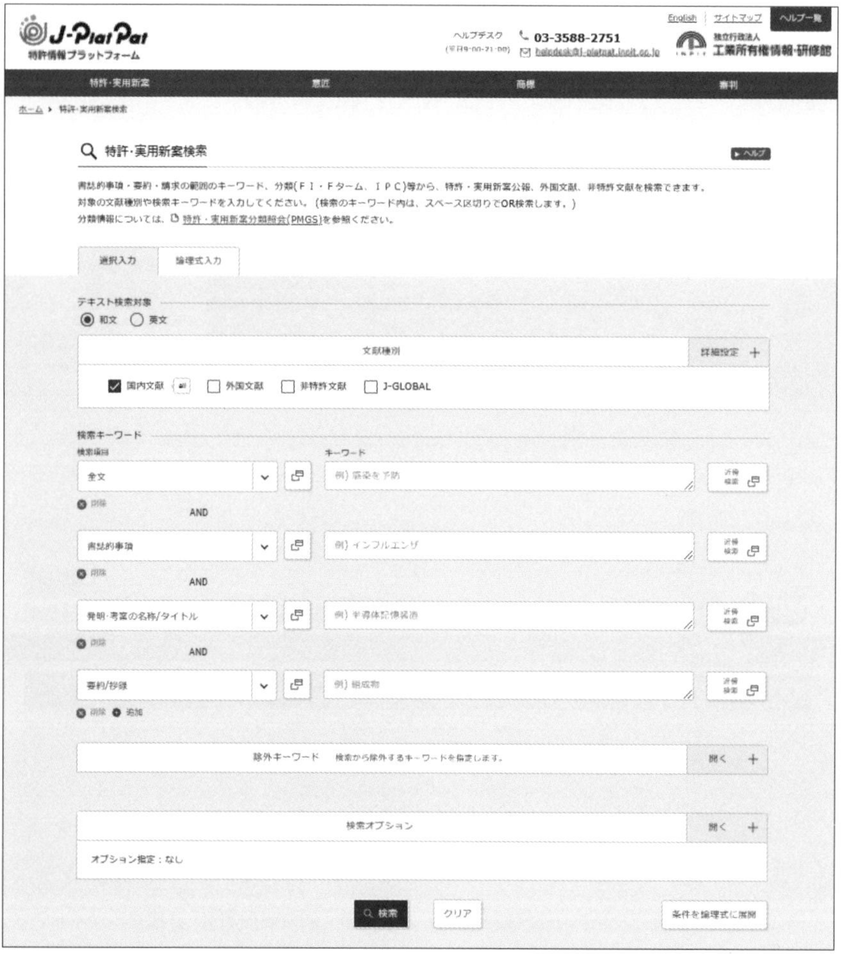

J-PlatPat
特許情報プラットフォーム
English サイトマップ ヘルプ一覧
ヘルプデスク 03-3588-2751
独立行政法人 工業所有権情報·研修館
特許·実用新案 意匠 商標 審判
ホーム › 特許·実用新案検索

特許·実用新案検索

書誌的事項・要約・請求の範囲のキーワード、分類(FI・Fターム、IPC)等から、特許・実用新案公報、外国文献、非特許文献を検索できます。
対象の文献種別や検索キーワードを入力してください。(検索のキーワード内は、スペース区切りでOR検索します。)
分類情報については、特許・実用新案分類照会(PMGS)を参照ください。

選択入力 論理式入力

テキスト検索対象
和文 英文

文献種別 詳細設定
国内文献 外国文献 非特許文献 J-GLOBAL

検索キーワード
検索項目 キーワード
全文 AND
書誌的事項 AND
発明·考案の名称/タイトル AND
要約/抄録
削除 追加

除外キーワード 検索から除外するキーワードを指定します。 開く

検索オプション 開く
オプション指定：なし

検索 クリア 条件を論理式に展開

⑤「選択入力」のタブを選択してください。

- 「テキスト検索対象」では「和文」、「英文」を選択できますが、ここでは「和文」を選択した場合を説明します。
- 「文献種別」は「国内文献」を選択し、必要に応じて「外国文献」「非特許文献」「J-GLOBAL」も選択してください。「J-GLOBAL」を選択するとJ-GLOBALに収録されている非特許文献や科学技術用語、化学物質、資料の情報を検索できます。

⑥次に「検索項目」を、すべて「請求の範囲」に変えます。下にある「追加」をクリックすると、ボックスが増えます。
なお、「請求の範囲」にすると、特許請求の範囲（請求項）に記載されているキーワードを検索できます。ここで「全文」を選択すれば特許請求の範囲に加え、書誌事項（発明の名称、出願人情報等）、要約書および明細書についても検索してくれるので、こちらを選択したほうが検索精度は高まります。よって「全文」を選択してもよいです。

テキスト検索対象
和文　英文
文献種別
詳細設定 ＋
国内文献 all　外国文献　非特許文献　J-GLOBAL
全文
書誌的事項
発明・考案の名称/タイトル
要約/抄録
請求の範囲
明細書
審査官フリーワード
審査官フリーワード+全文
FI
Fターム
ファセット
IPC
出願人/権利者/著者所属
申請人識別番号
出願人/権利者住所
発明者/考案者/著者
代理人
審査官名
延長登録出願情報
審判番号
優先権主張国・地域・番号
キーワード
例）情報を含む制御方法
近傍検索
例）インフルエンザ
近傍検索
例）半導体記憶装置
近傍検索
例）組成物
近傍検索
ーワード　検索から除外するキーワードを指定します。
開く ＋

⑦ボックス内にキーワードを記入します。

次の画面のように、キーワード間にスペースを入れて記入し検索すると、「イチゴ」または「いちご」または「苺」を含み、かつ「アイス」または「冷菓」を含み、かつ「もち」または「モチ」または「餅」または「大福」を含む先行技術文献を検索することができます。

キーワードをすべて記入したら、下部の「検索」をクリックします。

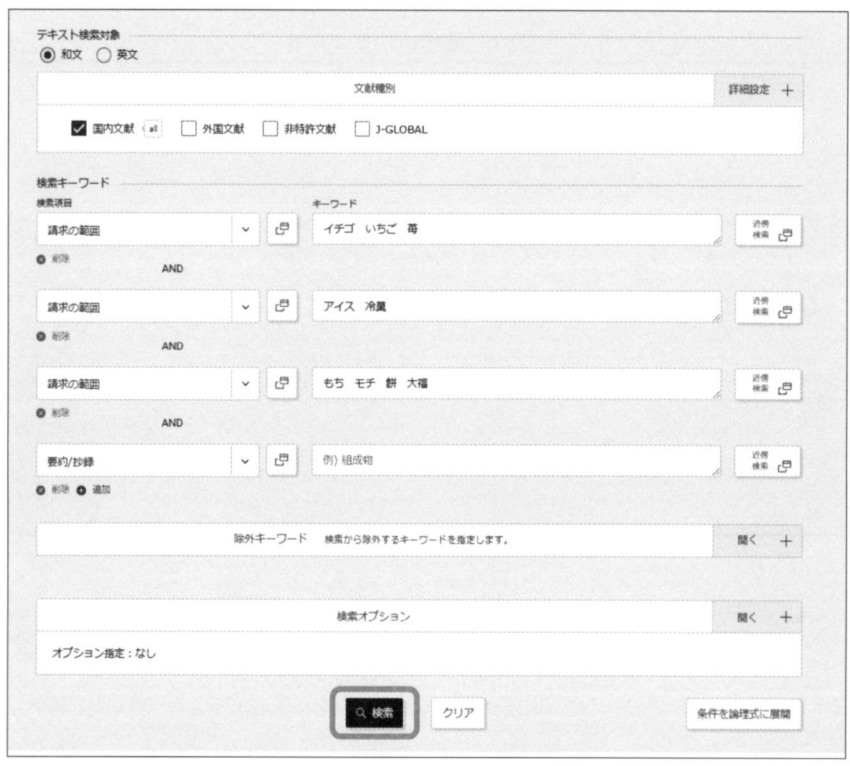

⑧次のような検索結果となりました。

ヒット件数は5件でした。なお、ヒット件数は検索を行う日が遅くなるほど増えていきます。

リストでは「No.」「文献番号」「出願番号」「出願日」「公知日」「発明の名称」「出願人／権利者」「FI」「各種機能」が示されています。「文献番号」をクリックすると、内容を見ることができます。

ここでは「No.」が2の「文献番号」をクリックして内容を見てみましょう。

No.	文献番号 ▲	出願番号 ▲	出願日	公知日 ▲	発明の名称 ▲	出願人/権利者	FI	各種機能
1 □	特開2016-073296	特願2015-230086	2015/11/02	2016/05/12	特許を受けた後、販売するに当たり、抗菌、抗ガン、又は抗ウイルス効果のある薬効成分を含み薬効を表示したハスカップ等の食品	佐久間　和夫	A23L1/30@B A61K127:00 A61K36/355 他	経過情報 OPD URL
2 □	特表2009-517031	特願2008-542369	2006/11/17	2007/05/31	高効能甘味料を用いた糖菓	ザ　コカ・コーラ　カンパニー	A23G3/00,101 A23G3/00,104 A23G3/30 他	経過情報 OPD URL
3 □	特開2007-252357	特願2006-116158	2006/03/22	2007/10/04	新しい抽出方法の発見	長浦　善昭 他	A23F3/16 A23F5/14 A23F5/24 他	経過情報 OPD URL
4 □	再表2004/056216	特願2005-502615	2003/12/15	2004/07/08	組成物における水分の変動を抑制する方法とその用途	株式会社林原生物化学研究所	A23G3/00,101 A23K1/16,303@D A23L1/03 他	経過情報 OPD URL
5 □	実開平06-031481	実願平04-072181	1992/09/22	1994/04/26	被覆冷菓	田島　隆	A23G3/00,106 A23G9/00 A23G3/34,106	経過情報 OPD

⑨内容を見ることができます。

上部の「文献単位PDF表示」をクリックすると全内容を見ることができます。

ここでは「文献単位PDF表示」をクリックしてみます。

認証画面が現れますので、画面の指示に従って進めて下さい。

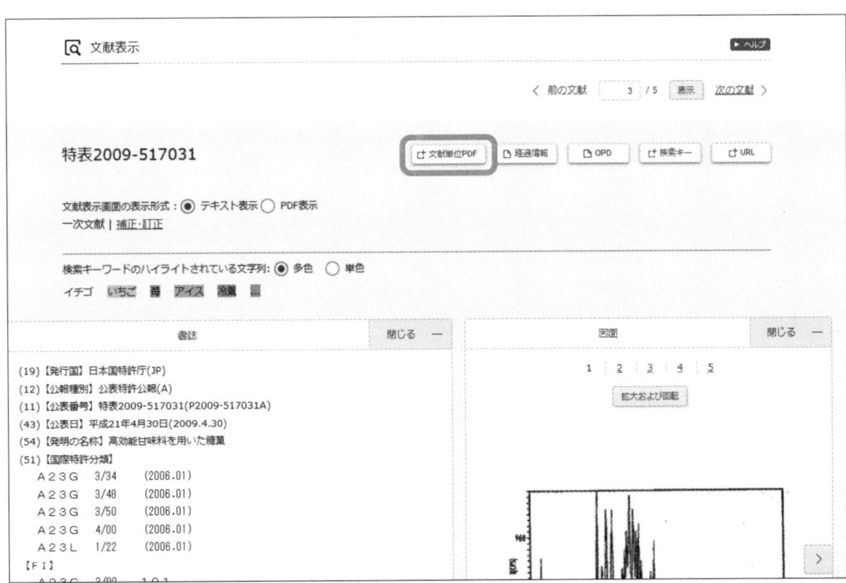

⑩次のような鮮明な画像で内容を見ることができます。

このようにして1つ1つ内容をチェックしていき、本発明と類似するものがあるかを調べていきます。

JP 2009-517031 A 2009.4.30

(19)**日本国特許庁(JP)**　(12)**公表特許公報(A)**　(11)特許出願公表番号 **特表2009-517031** **(P2009-517031A)**

(43)公表日 **平成21年4月30日(2009.4.30)**

(51)Int.Cl.			FI			テーマコード（参考）
A23G	***3/34***	***(2006.01)***	A23G	3/00	101	4B014
A23G	***3/48***	***(2006.01)***	A23G	3/00	104	4B047
A23G	***3/50***	***(2006.01)***	A23G	3/30		
A23G	***4/00***	***(2006.01)***	A23L	1/22	101Z	
A23L	*1/22*	*(2006.01)*	A23L	1/22	101A	

審査請求 未請求　予備審査請求 有　（全 97 頁）

(21)出願番号	特願2008-542369(P2008-542369)
(86)(22)出願日	平成18年11月17日(2006.11.17)
(85)翻訳文提出日	平成20年7月22日(2008.7.22)
(86)国際出願番号	PCT/US2006/044705
(87)国際公開番号	WO2007/061859
(87)国際公開日	平成19年5月31日(2007.5.31)
(31)優先権主張番号	60/739,302
(32)優先日	平成17年11月23日(2005.11.23)
(33)優先権主張国	米国(US)
(31)優先権主張番号	60/739,124
(32)優先日	平成17年11月23日(2005.11.23)
(33)優先権主張国	米国(US)
(31)優先権主張番号	60/805,209
(32)優先日	平成18年6月19日(2006.6.19)
(33)優先権主張国	米国(US)

(71)出願人 391026058
ザ・コカ－コーラ・カンパニー
THE COCA－COLA COMPANY
アメリカ合衆国ジョージア州30313アトランタ・ノースウエスト・ワンコカ－コーラプラザ

(74)代理人 100079108
弁理士　稲葉　良幸

(74)代理人 100093861
弁理士　大賀　眞司

(74)代理人 100109346
弁理士　大貫　敏史

最終頁に続く

※この公報はJ-PlatPatから取得したものです。

4-4 引用文献・被引用文献検索を行ってみよう

引用文献・被引用文献検索は、特許庁がすでに行った先行技術調査の結果を利用する検索方法です。検索方法として正攻法とはいえず十分なレベルの検索ができるとはいえないものの、非常に簡単な方法ですので誰でもすぐに身につけることができます。また、簡単な割には目的とする文献を見つけやすいと思います。

キーワード検索の結果を用いて引用文献・被引用文献検索を行う

前節の**キーワード検索**を行って、本発明に比較的近い発明が記載された文献を見つけた後、その文献に基づいて、**引用文献・被引用文献検索**を行います。

ここで**引用文献**とは「特許庁における審査段階において、対象発明の引用文献として挙げられた文献」です。したがって、前節のキーワード検索によって見つけた文献を「文献A」とした場合、文献Aに記載の発明に対する引用文献とは「特許庁が文献Aの発明の特許性を審査した際に、拒絶理由の引用文献として挙げた文献」です。

また**被引用文献**とは、「特許庁における審査段階において、対象発明を引用文献として挙げた文献」です。したがって、前節のキーワード検索によって見つけた文献を「文献A」とした場合、文献Aに記載の発明に対する被引用文献とは「特許庁が、拒絶理由の引用文献として文献Aを挙げた文献（特許出願）」です。

このような引用文献および被引用文献は、前節のキーワード検索によって見つけた文献Aと関連があると特許庁が判断した文献ということになります。

キーワード検索を行って見つけた文献Aについて、引用文献・被引用文献検索を行い、得られた引用文献および被引用文献の内容を確認し、本発明と関連性があるものが見つかった場合、その文献についてさらに引用文献・被引用文献検索を行います。

そして、このような作業を何回か（できれば5～10回程度）繰り返して引用文献および被引用文献の内容をチェックしていくと、キーワード検索を行って見つけた文献Aに記載の発明と比較して、より本発明に近い発明が記載された文献を見つけることができます。

このような引用文献・被引用文献検索を行うと、キーワード検索のみの場合と比較して、遥かに検索精度は高くなります。また、このような検索を行うスキルを身につけることは非常に簡単です。

なお、J-PlatPatを用いると被引用文献検索を行うことができません。また、引用文献検索を行うことは不可能ではありませんが、非常に煩雑な作業となります。したがって引用文献・被引用文献検索を行う場合は、商用の特許検索データベースを利用すべきです。

引用文献・被引用文献検索（4-1）

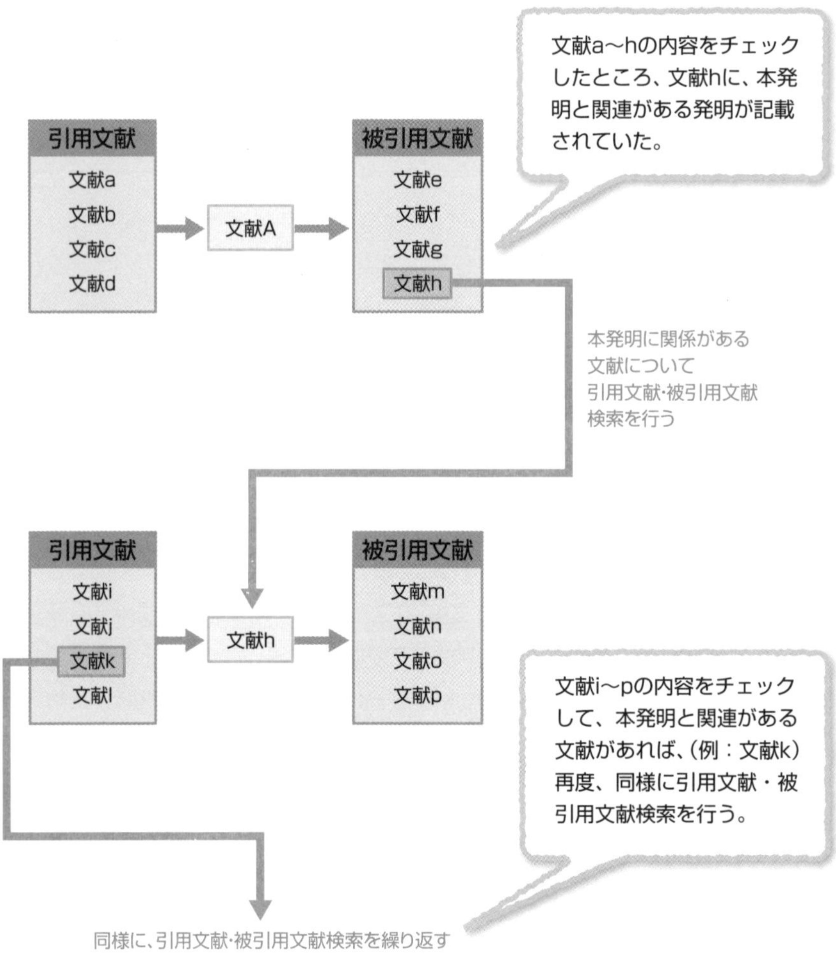

4-5 FI・Fターム検索に挑戦しよう

キーワード検索と引用文献・被引用文献検索のみでも、ある程度以上の精度で検索することはできますが、ぜひFI・Fターム検索にトライしてください。ここではFI・Fターム検索を比較的簡単に行う方法として、キーワード検索を行った後、見つけた文献に記載されているFI・Fタームを用いて、FI・Fターム検索を行う方法を説明します。また、公開特許公報の見方についても合わせて説明します。

FI・Fターム検索にトライしよう

初めに**キーワード検索**を行います。この検索を行うことで、これから出願しようとしている自己の発明（本発明）に比較的近いと思われる先行技術文献（公開特許公報）をいくつか（目安としては2～4つ程度）見つけます。次に、キーワード検索によって見つけた公開特許公報に記載された**FI・Fターム**の内容を調べ、関連が深いFI・Fタームを抜き出します。そして、抜き出したFI・Fタームを用いて検索します。

このような方法はFI・Fターム検索を比較的簡単に行う方法ですが、専門家がFI・Fターム検索を行う場合も、まず初めにこのような方法で検索し、その後に利用するFIやFタームの見当をつけるのが普通です。

この方法について具体的に説明します。

ここでは「回転炉床式の還元炉を用いて金属を還元する、排ガス処理条件に特徴がある操業方法」に関する発明をしたとします。そして、この発明（本発明）について特許出願する前に、本発明に類似する先行技術について調査することにしましょう。

初めに、前述の「イチゴを含む大福型アイス」の場合と同様に、キーワードを見出します。まず、考えつくキーワードは「回転炉床」「還元炉」「金属」「還元」「排ガス」です。そして、さらに同義語について調べて、それらについても検索します。

そして、次のように「回転炉床」または「RHF」または「ロータリー」、かつ「還元炉」、かつ「金属」または「メタル」または「鉄」または「鋼」または「Fe」または「銅」または「アルミ」、かつ「排ガス」または「Gas」で検索してみます。

①ボックス内にキーワードを記入します。

前述の「イチゴを含む大福型アイス」の場合と同様の操作を行ってキーワード検索の画面に行きます。

そしてボックス内にキーワードを記入します。

※特許情報プラットフォーム（J-PlatPat）は、（独）工業所有権情報・研修館が運営、管理するサイトです。

②次のような検索結果となりました（ヒット件数：22件。なお、ヒット件数は検索を行う日が遅くなれば増えていきます）。

リストでは「No.」「文献番号」「出願番号」「出願日」「公知日」「発明の名称」「出願人/権利者」「FI」「各種機能」が示されています。「発明の名称」を読み、自分の発明に近い可能性があるものの内容をチェックしていきます。たとえばNo.10、文献番号：特開2003-090686、発明の名称：回転炉床式還元炉の操業方法の内容をチェックしてみます。

No.	文献番号 ▲	出願番号 ▲	出願日 ▲	公知日	発明の名称 ▲	出願人/権利者	FI	各種機能
1 ☐	特開2023-100574	特願2022-131482	2022/08/22	2023/07/19	排水の濾過方法、濾過機、フェロニッケルの製造方法、及び、フェロニッケルの製造設備	株式会社日向製錬所	C22B23/02 C22B23/00,101 C22B1/02 他	経過情報 OPD URL
2 ☐	特開2012-241205	特願2011-109482	2011/05/16	2012/12/10	金属酸化物の還元処理方法	新日鉄住金エンジニアリング株式会社 他	C21B13/10 C22B7/02@A C22B19/38	経過情報 OPD URL
3 ☐	特開2010-077312	特願2008-248688	2008/09/26	2010/04/08	石炭ガス化及び直接製鉄方法並びにそのシステム	株式会社神戸製鋼所	C10J3/02@D C21B13/08	経過情報 OPD URL
4 ☐	特開2008-196717	特願2007-029502	2007/02/08	2008/08/28	回転炉床式還元炉及びその操業方法	新日鉄住金エンジニアリング株式会社	C21B13/10 C22B5/10 F27B9/18@R 他	経過情報 OPD URL
5 ☐	特開2006-328451	特願2005-151098	2005/05/24	2006/12/07	亜鉛含有酸化鉄の処理方法及び処理装置	住友重機械工業株式会社 他	B01D50/00,501@C B01D50/00,501@J B03C1/00@B 他	経過情報 OPD URL
6 ☐	特開2005-299979	特願2004-114331	2004/04/08	2005/10/27	回転炉床式還元炉の排ガス処理装置および排ガス処理方法	新日鐵住金株式会社	B01D51/00@B C21B13/10 C22B1/216 他	経過情報 OPD URL
7 ☐	特開2005-089866	特願2004-329090	2004/11/12	2005/04/07	回転炉床式還元炉の排ガス処理装置	新日鐵住金株式会社	C21B13/10 F27D17/00,101@A F27D17/00,104@D	経過情報 OPD URL
8 ☐	特開2004-225104	特願2003-014268	2003/01/23	2004/08/12	酸化金属の還元方法、および、亜鉛および鉛の濃縮方法	新日鐵住金株式会社	C22B1/16@C C22B1/16@H C22B1/16,101 他	経過情報 OPD URL
9 ☐	特開2004-176170	特願2003-012191	2003/01/21	2004/06/24	溶鉄の製法	株式会社神戸製鋼所	C21B13/14 C21C5/28@Z C21C5/30@A	経過情報 OPD URL
10 ☐	特開2003-090686	特願2001-279055	2001/09/14	2003/03/28	回転炉床式還元炉の操業方法	新日鐵住金株式会社	B01D51/00@B C21B13/10 C22B1/16,101 他	経過情報 OPD URL

③文献番号「特開2003-090686」をクリックするとその内容を示す画面が開きます。

この画面では「書誌」「図面」「要約」が表示されていますが、下方から「請求の範囲」「詳細な説明」「図面の簡単な説明」「図面」を開くことができます。また、上部の「文献単位PDF」のボタンをクリックして全体を読むことができます。

これらの内容を読んで本発明と比較します。

ここでは「文献単位PDF」のボタンをクリックしてPDF版の公開特許公報をダウンロードしてみます。

認証画面が現れますので、画面の指示に従って進めて下さい。

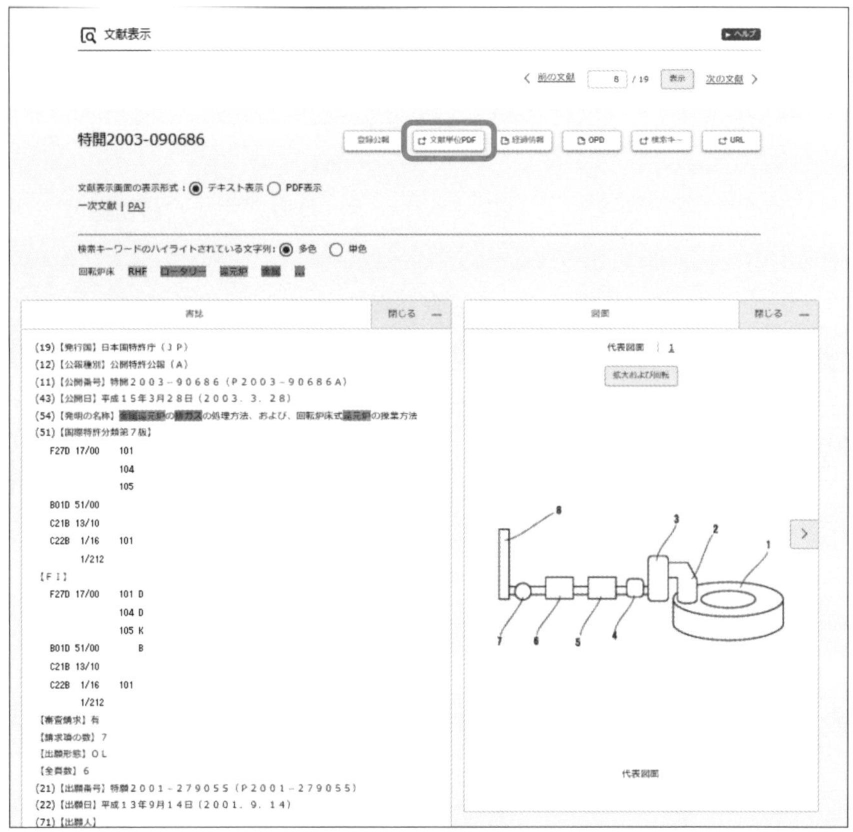

④次のような鮮明な画像で見ることができます。

(19)日本国特許庁（ＪＰ）　(12) **公開特許公報**（Ａ）　(11)特許出願公開番号
特開2003－90686
（P2003－90686A）
(43)公開日　平成15年３月28日(2003.3.28)

(51)Int.Cl.[7]	識別記号	ＦＩ	テーマコード(参考)
Ｆ２７Ｄ　17/00	１０１	Ｆ２７Ｄ　17/00　１０１Ｄ	４Ｋ００１
	１０４	１０４Ｄ	４Ｋ０１２
	１０５	１０５Ｋ	４Ｋ０５６
Ｂ０１Ｄ　51/00		Ｂ０１Ｄ　51/00　Ｂ	
Ｃ２１Ｂ　13/10		Ｃ２１Ｂ　13/10	

審査請求　有　請求項の数７　ＯＬ　（全　６　頁）　最終頁に続く

(21)出願番号　特願2001－279055(P2001－279055)

(22)出願日　平成13年９月14日(2001.9.14)

(71)出願人　000006655
新日本製鐵株式会社
東京都千代田区大手町２丁目６番３号

(72)発明者　茨城　哲治
君津市君津１番地　新日本製鐵株式会社君津製鐵所内

(72)発明者　織田　博史
君津市君津１番地　新日本製鐵株式会社君津製鐵所内

(74)代理人　100107892
弁理士　内藤　俊太　（外１名）

※この公報はJ-PlatPatから取得したものです。

⑤以下に実際の公報を示します。

「公開特許公報（A）」には様々な情報が示されていますが、これらの情報の中には、何を意味しているのか分かりにくいものもあります。そこでこの「公開特許公報（A）」を用いて公報の記載内容について説明します。なお、特許公報には「公開特許公報（A）」の他に「特許公報（B2）」があります。前者は特許出願日から１年６月経過後に発明の内容が公開されるものであり、後者は特許がとれた後にその内容が公開されるものです。

公報には、大きく分けて３つの情報が示されています。

(ア) 出願書類の内容

１つ目は、出願書類の内容です。

特許出願の場合、出願人は、願書、特許請求の範囲、明細書、要約書を提出しなければなりません。また、図面は必要に応じて提出してもよい書類です。公報にはこれらの情報が示されます。

(イ) 出願情報

2つ目は出願情報です。ここで出願情報とは、出願番号、出願日、公開番号、公開日等を指します。

(ウ) 検索用の情報

3つ目は、検索用の情報です。

検索用の情報とは「国際特許分類(IPC)」「FI(ファイル・インデックス)」「テーマコード」「Fターム」を指します。

COLUMN 効果が低い発明でも特許は取れます

従来技術に比べて効果が高い発明でなければ特許が取れないと考えている方が多いようです。出願した発明の進歩性(本書2－4参照)を特許庁の審査官に認めてもらうためには、従来技術よりも特定の効果が高いことが必要だとの考えに基づいていると思われます。弁理士や企業の知財部の方など専門家にもそのように考えている方がいらっしゃいますので、技術者・研究者の方がそのように考えても仕方がないのかもしれません。

しかしながら、特許庁の審査官が審査対象の発明について進歩性が有るか無いかを判断するとき効果だけに着目していません。本書2－4でも解説したように、複数の引用文献の各々に記載された複数の発明を組み合わせた(合体させた)ときに、本発明と同じになるかを判断し、本発明と同じにならない場合は「本発明は進歩性あり」と判断されます。つまり、この場合、本発明の効果が従来技術と比較して高くても低くてもどちらでも良く、いずれであっても本発明の進歩性は認められるのです。

進歩性の判断において特許庁の審査官が「効果の高低」を考慮に入れるのは、上記とは異なり、複数の引用文献の各々に記載された発明を組み合わせた(合体させた)ときに本発明と同じになった場合です。この場合、本発明の効果が従来技術と比較して高いかを検討し、高いのであれば(正確には同質顕著または異質な効果があれば)、本発明の進歩性が認められることになります。

したがって、本発明の効果が従来技術に比べて高くなかったとしても特許が取れる場合があるということになります。

公開特許公報（例）1/3（4-2）

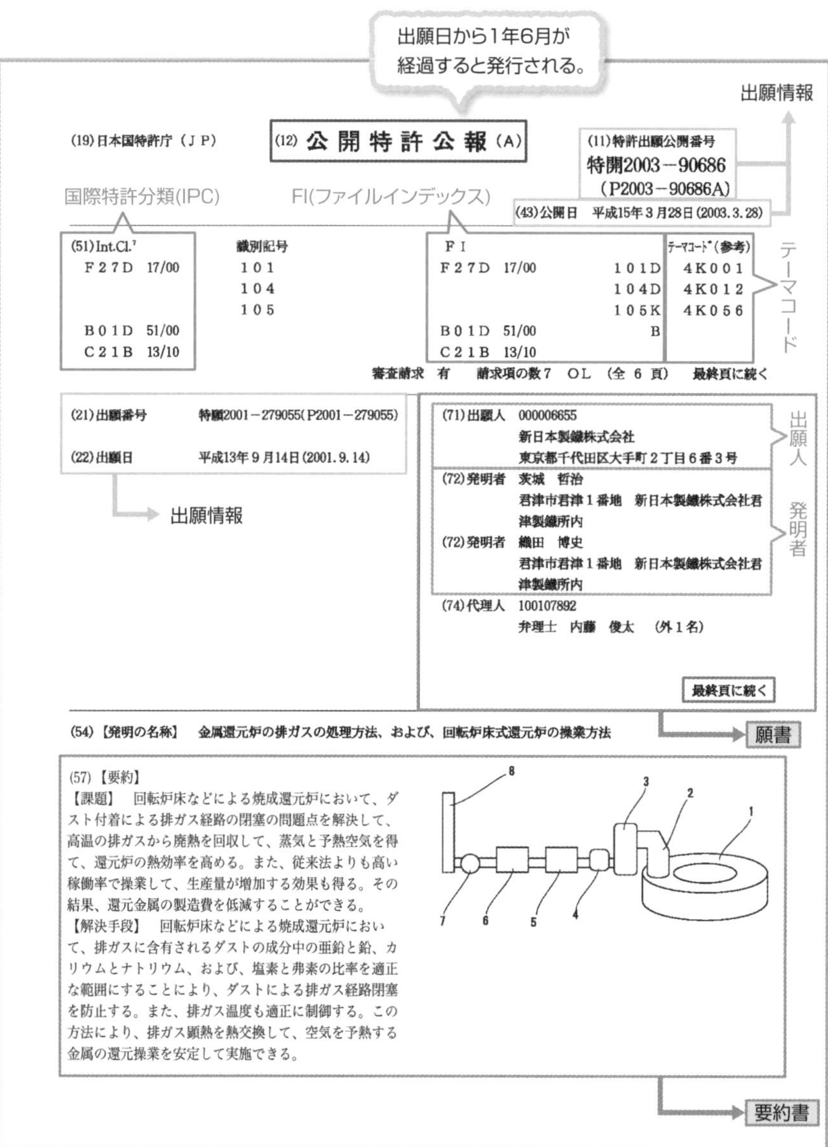

(19)日本国特許庁（ＪＰ）　(12) **公 開 特 許 公 報**（Ａ）

(11)特許出願公開番号
特開2003－90686
（P2003－90686A）

(43)公開日　平成15年３月28日(2003.3.28)

(51)Int.Cl.⁷	識別記号	ＦＩ		テーマコード゛(参考)
Ｆ２７Ｄ　17/00	１０１	Ｆ２７Ｄ　17/00	１０１Ｄ	４Ｋ００１
	１０４		１０４Ｄ	４Ｋ０１２
	１０５		１０５Ｋ	４Ｋ０５６
Ｂ０１Ｄ　51/00		Ｂ０１Ｄ　51/00	Ｂ	
Ｃ２１Ｂ　13/10		Ｃ２１Ｂ　13/10		

審査請求　有　請求項の数７　ＯＬ　（全 ６ 頁）　最終頁に続く

(21)出願番号　特願2001－279055(P2001－279055)

(22)出願日　平成13年９月14日(2001.9.14)

(71)出願人　000006655
新日本製鐵株式会社
東京都千代田区大手町２丁目６番３号

(72)発明者　茨城　哲治
君津市君津１番地　新日本製鐵株式会社君津製鐵所内

(72)発明者　織田　博史
君津市君津１番地　新日本製鐵株式会社君津製鐵所内

(74)代理人　100107892
弁理士　内藤　俊太　（外１名）

最終頁に続く

(54)【発明の名称】　金属還元炉の排ガスの処理方法、および、回転炉床式還元炉の操業方法

(57)【要約】
【課題】　回転炉床などによる焼成還元炉において、ダスト付着による排ガス経路の閉塞の問題点を解決して、高温の排ガスから廃熱を回収して、蒸気と予熱空気を得て、還元炉の熱効率を高める。また、従来法よりも高い稼働率で操業して、生産量が増加する効果も得る。その結果、還元金属の製造費を低減することができる。
【解決手段】　回転炉床などによる焼成還元炉において、排ガスに含有されるダストの成分中の亜鉛と鉛、カリウムとナトリウム、および、塩素と弗素の比率を適正な範囲にすることにより、ダストによる排ガス経路閉塞を防止する。また、排ガス温度も適正に制御する。この方法により、排ガス顕熱を熱交換して、空気を予熱する金属の還元操業を安定して実施できる。

※この公報はJ-PlatPatから取得したものです。

公開特許公報（例）2/3（4-3）

特許請求の範囲　　明細書

(2)　　特開２００３−９０６８６

1

【特許請求の範囲】

【請求項１】　排ガス顕熱を熱交換して、空気を予熱する金属還元炉の操業方法において、当該排ガスに含有されるダストの成分中の亜鉛と鉛の合計モル数(A)、アルカリ金属の合計モル数(B)、および、ハロゲン元素の合計モル数(C)の間に、(C−B)/A＜０．３６の関係が成り立っていることを特徴する金属還元炉の排ガスの処理方法。

【請求項２】　排ガスに含有されるダスト中に含有されるアルカリ金属とハロゲン元素の化合物の混入比率が３５質量%以下であることを特徴する請求項１記載の排ガスの処理方法。

【請求項３】　排気ダクトに導入する位置での排ガスの温度が８００℃以上であり、熱交換器入り口温度が５５０℃以下であることを特徴とする請求項１又は請求項２記載の金属還元炉の排ガスの処理方法。

【請求項４】　排ガスの温度を８００℃以上から５５０℃以下までを５秒以内に冷却することを特徴とする請求項１乃至請求項３のいずれかに記載の金属還元炉の排ガスの処理方法。

【請求項５】　熱交換器を打撃して振動を与える、熱交換器に気体を吹き付けて付着ダストを除去する、スクレーパーで掻き落すことの少なくとも１方式を実施することを特徴とする請求項１乃至請求項４のいずれかに記載の金属還元炉の排ガスの処理方法。

【請求項６】　回転炉床式還元炉の排ガスを処理することを特徴とする請求項１乃至請求項５のいずれかに記載の金属還元炉の排ガスの処理方法。

【請求項７】　酸化金属と炭素を含む粉体を原料として用い、排ガス顕熱を熱交換して空気を予熱する排ガス処理装置を有する回転炉床式還元炉において、原料中の亜鉛と鉛の合計モル数(A)、カリウムとナトリウムの合計モル数(B)、および、塩素と弗素の合計モル数(C)の間に、(0.8C−0.7B)/A＜０．３６の関係が成り立ち、かつ、排気ダクト入り口での排ガス温度が８００℃以上で、熱交換器入り口ガス温度を５５０℃以上とすることを特徴とする回転炉床式還元炉の操業方法。

【発明の詳細な説明】

【０００１】

【発明の属する技術分野】本発明は、金属を焼成還元する高温還元炉の排ガスを適正に処理する方法に関する。また、回転炉床式還元炉での酸化金属の還元方法にも関する。

【０００２】

【従来の技術】還元鉄や合金鉄を製造するプロセスとしては各種のものがあり、固定した耐火物の天井と側壁の下を、耐火物製の中央部を欠いた円盤状炉床が回転することにより、加熱帯、還元帯、排出部へと成形体を移動させて還元していく、回転炉床法や、ロータリーキルンの内部にて、還元剤と炭素を転動させて加熱還元をする

2

ウエルツキルン法などがある。

【０００３】回転炉床法では、原料の酸化金属を含む粉体は、炭素系の還元剤と混合された後、原料ペレットにされて、回転炉床に供給される。原料ペレットはこの炉床上に敷きつめられており、原料ペレットが炉床上に静置されていることから、原料ペレットが炉内で崩壊しづらいといった利点がある。その結果、耐火物上に粉化した原料が付着する問題が無く、また、塊の製品歩留が高い。更に、生産性が高く、安価な石炭系の還元剤や粉原料を使用できる、と言った理由から、近年、実施される例が増加している。回転炉床法は、高炉、転炉、電気炉から発生する製鉄ダストや圧延工程でのシックナースラジの還元と不純物除去の処理にも有効であり、ダスト処理プロセスとしても使用され、資源リサイクルに有効なプロセスでもある。

【０００４】回転炉床法の操業の概略は以下の通りである。まず、原料である鉱石やダスト、スラジの金属酸化物にこの酸化物の還元に必要な量の炭素系還元剤をよく混合した後、パンペレタイザー等の造粒機にて、数mmから十数mmの成形体を製造する。

【０００５】このペレットを回転炉床上に層状に供給され、炉床上に敷込まれたペレットは急速に加熱され、５分間から２０分間、１３００℃前後の高温で焼成される。この際に、ペレットに混合されている還元剤の炭素により酸化金属が還元され、金属が生成する。還元剤中の固定炭素分はほぼ還元される金属と化合している酸素量で求まる量である。

【０００６】この回転炉やウエルツキルンの炉からは、還元剤である炭素と燃料の重油や天然ガスの燃焼により、発生する二酸化炭素と水蒸気を多量に含む高温の排ガスが発生する。この排ガスは、原料１トン当たり２０００Nm^{3}から３０００Nm^{3}排出される。この排ガスは炉内から発生したダストを含んでおり、排ガスダクトを経由して、水散布等の方法で冷却された後に、集塵されて、大気に放散される。回転炉床法は、酸化金属の還元反応に伴い、亜鉛、鉛、塩素等の不純物が揮発除去されることから、比較的ダスト発生量の多いプロセスである。

【０００７】

【発明が解決しようとする課題】前述した様に、回転炉床法などによる金属の還元炉においては、ダストを含む大量の排ガスが発生することから、効率的なガスの冷却方法が求められていた。例えば、回転炉床式還元炉（以降、回転炉と称す）から発生する排ガスは、高温であり、大量のダストを含んでいることなどが理由で発生する技術的な問題があった。

【０００８】また、一方で、回転炉やロータリーキルンなどからの排ガスは６００〜１１００℃と高温であり、この排ガスが保有する顕熱量は、全投入エネルギーの３０%程度になり、熱効率の良い操業のためには、排ガスの廃熱回収は重要な役割がある。

※この公報はJ-PlatPatから取得したものです。

公開特許公報（例）3/3（4-4）

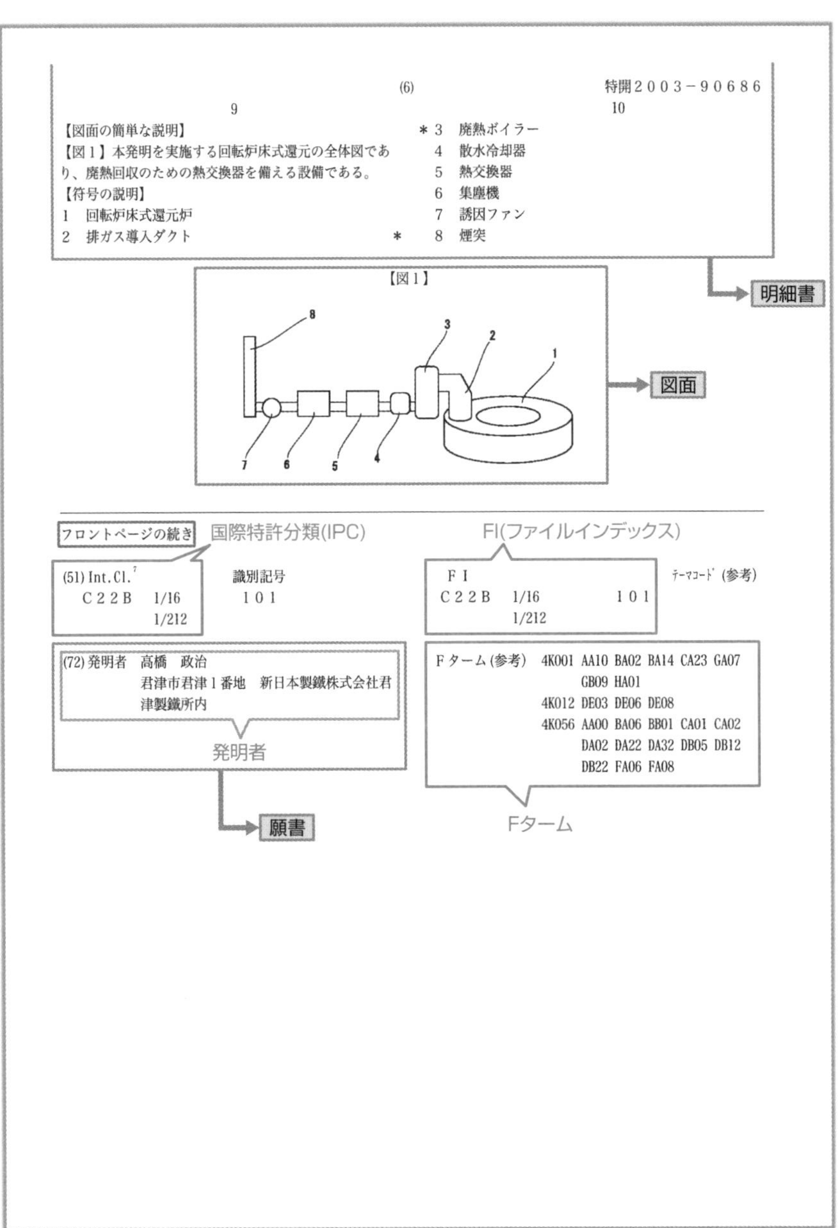
(6) 特開2003−90686

9 10

【図面の簡単な説明】

【図１】本発明を実施する回転炉床式還元の全体図であり、廃熱回収のための熱交換器を備える設備である。

【符号の説明】

1 回転炉床式還元炉
2 排ガス導入ダクト
3 廃熱ボイラー
4 散水冷却器
5 熱交換器
6 集塵機
7 誘因ファン
8 煙突

※この公報はJ-PlatPatから取得したものです。

FI、Fタームの内容の調査

上記②で表示された一覧から本発明に近い発明があるかをチェックしたところ、上記の「特開2003-090686」に記載の発明のみが、本発明に近いものであったとします。

このような場合、この公開特許公報に記載されたFI・Fタームの内容を調べ、関連が深いFI・Fタームを抜き出します。

「特開2003-090686」の公開特許公報を見ると、FI・Fタームは次のように記載されています。

・FI

F27D	17／00	101D
		104D
		105K
B01D	51／00	B
C21B	13／10	
C22B	1／16	101
	1／212	

・Fターム

4K001	AA10、BA02、BA14、CA23、GA07、GB09、HA01
4K012	DE03、DE06、DE08
4K056	AA00、BA06、BB01、CA01、CA02、DA02、DA22、DA32、DB05、DB12、DB22、FA06、FA08

なお、Fタームにおける「4K001」「4K012」「4K056」を「テーマコード」といいます。また、各テーマコードの右側に記載されている「AA10」「BA02」などの記号を「観点」といいます。

以下に上記枠内のFI・Fタームの内容を調査する方法を説明します。

①「特許・実用新案」から特許・実用新案分類照会（PMGS）を開きます。

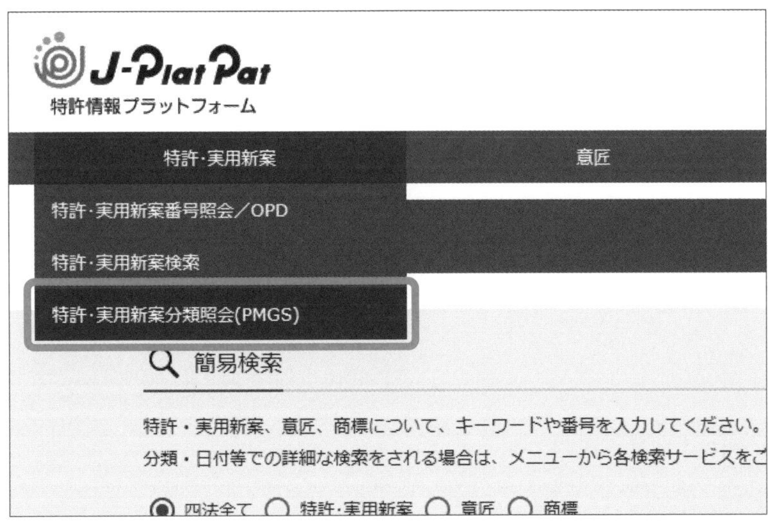

②「Fターム」の場合であれば「検索対象」として「Fターム」、「表示画面」として「Fタームリスト」を選択し、「分類」のボックスにテーマコードを入力して「照会」のボタンを押します。「FI」の場合であれば「検索対象」として「FI/ファセット」を選択し、「分類」のボックスにFIを入力した後、「照会」のボタンを押します。
ここでは「Fターム」のテーマコードの1つである「4K001」を入力し、「照会」のボタンを押してみます。

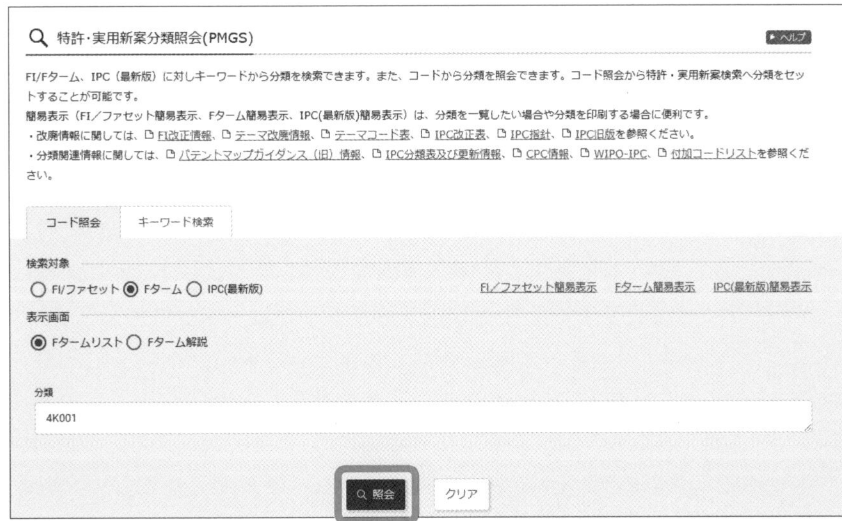

③「分類表示」が現れますのでFタームの内容をチェックします。

「4K001」の場合は、「AA10」「BA02」「BA14」「CA23」「GA07」「GB09」「HA01」の各々の観点について内容をチェックし、本発明に関係があるかないかを判断します。

④他の「Fターム」および「FI」についても、同様に内容を調査し、関係が深いものを抜き出します。

この結果、「FI」については、「C22B　1／16　101」「C22B　1／212」が本発明と関係があり、「Fターム」についてはテーマコード「4K001」における「AA10」「BA02」「BA14」が本発明と関係があったとします。

FI、Fターム検索

関係がないFI・Fタームは除外し、関係があると思われるFI・Fタームのみを用いてFI・Fターム検索を行います。

FI・Fタームを用いた検索方法を説明します。

①「特許・実用新案検索」をクリックします。

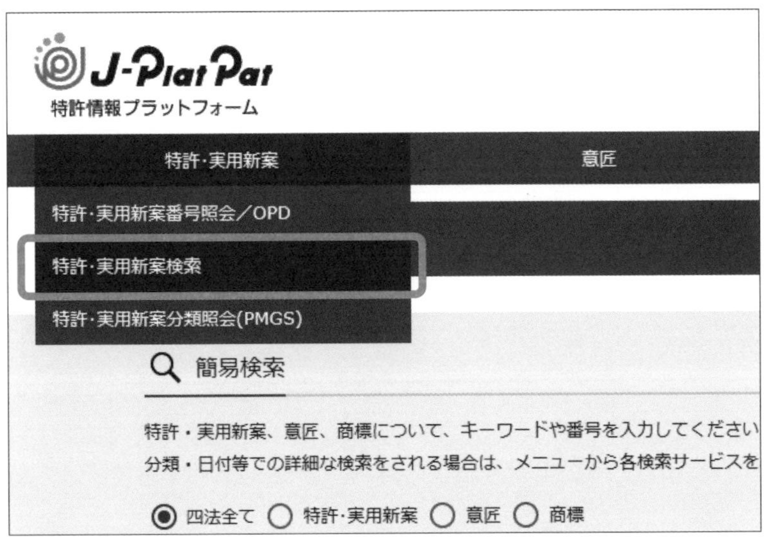

②関係が深いとして抜き出した「FI」「Fターム」を用いて検索します。

- 「検索キーワード」の「検索項目」を「FI」とし、「検索キーワード」の欄に「C22B1/16,101　C22B1/212」と記入します。「C22B1/16,101」と「C22B1/212」の間に空欄を開けることで「又は」を意味することになります。ここで「C22B1/212」はそのまま記入するだけですが、「C22B1/16　101」のように後ろに数字がついているものは「C22B1/16,101」と記入します。すなわち、数字（101）の前には「,」を入れます。また、ここでは記入しませんが、「F27D17/00　101　D」のように、数字の他にアルファベット（D）がついている場合があります。この場合「F27D17/00,101@D」というようにアルファベット（D）の前に「@」を入れます。

- 「検索キーワード」の「検索項目」を「Fターム」とし、「検索キーワード」の欄にテーマと観点を記入します。すなわち、「4K001AA10　4K001BA02　4K001BA14」と記入します。「4K001AA10」と「4K001BA02」と「4K001BA14」の間に空欄を開けることで、「4K001AA10」又は「4K001BA02」又は「4K001BA14」を意味することになります。

このような条件で検索を実行します。

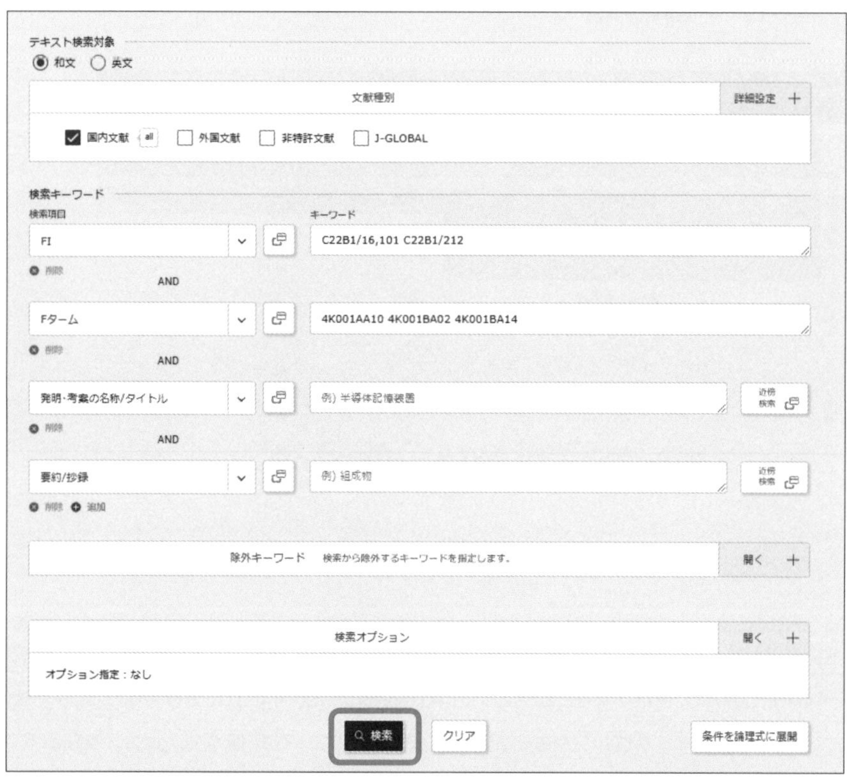

③検索した結果、429件がヒットしました。

④「発明の名称」を見て、自分の発明と関係がある可能性があるものの内容をチェックしていきます。

「文献番号」をクリックすると、その内容が表示されます。

ここでは429件ですが、これでは多すぎるので再度、FI・Fタームの内容を検討してもよいでしょう。目安としては数十件にまで絞り込み、あとは実際に内容を読んで調べていくとよいと思います。

なお、ここではFI・Fターム検索を比較的簡単に行う方法を説明しましたが、FIとFタームの関係や構造を理解してより高度な検索を行いたい方は4-2節で挙げた先行技術調査に関する資料（☞55）を参照してください。

検索結果から本発明の特許性を判断しよう

キーワード検索および引用文献・被引用文献検索を行い、さらに可能であればFI・Fターム検索を行うと、本発明に類似した先行技術が記載されている公開特許公報等をいくつか見つけることができます。

それらの公開特許公報等に示されている発明と本発明を対比して、本発明に特許性があるかを判断してください。判断方法については、必要に応じて第2章を参照してください。

そして、本発明に特許性があると判断できた場合は、次章を参考にして特許出願するための書類を作成しましょう。

COLUMN マルチマルチクレーム制限とは？

マルチマルチクレームとは、マルチクレーム（2以上の請求項を択一的に引用する請求項）を引用するマルチクレームのことを指します。

例えば特許請求の範囲の記載が以下である場合、請求項3はマルチクレームであり、請求項4は請求項3を引用しているマルチクレームですのでマルチマルチクレームです。また、請求項7はマルチクレームである請求項4を請求項5または6を介して間接的に引用しているマルチクレームであるため、マルチマルチクレームです。

【請求項1】
　Aを有する装置。
【請求項2】
　さらにBを有する請求項1に記載の装置。
【請求項3】
　さらにCを有する請求項1または2に記載の装置。
【請求項4】
　さらにDを有する請求項1～3のいずれかに記載の装置。
【請求項5】
　Dがd1である請求項4に記載の装置。
【請求項6】
　Dがd2である請求項4に記載の装置。
【請求項7】
　さらにEを有する請求項5または6に記載の装置。

例えば特許請求の範囲が上記の状態で特許出願し、出願審査請求を行うと、請求項4および請求項7についてマルチマルチクレームである旨のみの拒絶理由が通知されます。また、マルチマルチクレームである請求項4を引用する請求項5および請求項6についても同様に扱われます。したがって、請求項4～7については新規性、進歩性などの実質的な審査がなされない状態で、最初の拒絶理由通知が来ることになります。

そして、その後、請求項4～7についてマルチマルチクレームを解消する補正を行うと新規性、進歩性などの実質的な審査はなされますが、拒絶理由を有する場合、2回目の拒絶理由通知は最後のものとなる可能性が高いと考えられます。つまり、請求項4～7について実質的な審査は1回しかなされていないのに、拒絶理由通知書は最後のものと扱われてしまうため、その後の補正範囲が狭くなってしまいます（☞11）（☞37）。

これがマルチマルチクレーム制限です。

4 発明したら初めに先行技術を調査しよう

したがって出願審査請求時における特許請求の範囲にはマルチマルチクレームが無いようにすべきです。上記の例であれば、たとえば以下のように記載すべきでしょう。

【請求項1】
　Aを有する装置。
【請求項2】
　さらにBを有する請求項1に記載の装置。
【請求項3】
　さらにCを有する請求項1または2に記載の装置。
【請求項4】
　さらにDを有する請求項1または2に記載の装置。
【請求項5】
　さらにEを有する請求項4に記載の装置。
【請求項6】
　Dがd1である請求項5に記載の装置。
【請求項7】
　Dがd2である請求項5に記載の装置。

なお、例えば中国にもマルチマルチクレーム制限が存在しますが、日本とは異なり、マルチマルチクレームであっても実質的な審査がなされます。したがって、中国に出願する場合はマルチマルチクレームとした状態で出願し、その後、他の拒絶理由を解消する補正を行うと同時にマルチマルチクレームを解消する補正も行った方が有利になる可能性があります。また、欧州ではマルチマルチクレームが認められています。その他主要国の実務を鑑みると、国際特許出願（PCT出願）の請求の範囲においてはマルチマルチクレームとした方が有利になる可能性があります。

日本のみに出願する場合と、外国へも出願する場合とで対応が異なる可能性が高いのでご注意ください。

第5章

出願書類を作成して特許出願しよう

先行技術調査を行って見つけた先行技術と比較した結果、自身の発明に特許性があると判断できたなら、いよいよ特許出願をするための書類を作成します。会社や研究機関に所属している技術者・研究者の方であれば、通常、発明提案書を作成すれば、あとは会社等が契約している特許事務所の専門家に任せることができると思います。しかし専門家に任せる場合であっても、自身が意図した内容の明細書等を作成させるためには、適切な内容の発明提案書を作って、専門家へ発明内容を伝える必要があります。

5-1 初めに発明提案書を作ろう

多くの会社は発明提案書のフォーマットをもっていて、ここへ所定事項を記入するだけで発明提案書を作成できるようになっていると思います。しかし、適切な発明提案書を作成することは容易ではありません。これを適切に作成することができれば発明の内容を明確にすることができるので、明細書等の出願書類を適切な内容で作成することができ、結果的には広い範囲の特許権が得られるようになります。

発明提案書とは？

先行技術調査を行い、見つけた先行技術と比較した結果、自身の発明（本発明）に特許性がありそうだと判断できたならば、**発明提案書**を作成しましょう。

本来、発明提案書は発明者の方が知的財産部や特許事務所等へ発明の内容を説明するために用いるものですが、発明提案書を作成すると本発明と先行技術を詳細に比較することになるので、本発明の特徴部分が明確になり、本発明のよい点や特許をとるためのポイントが明らかになります。そして、そのポイントを強調するように明細書等に発明内容を記載することで特許がとれやすくなります。したがって、特許事務所等は利用しないで発明者の方が自ら特許出願書類を作成する場合など、知的財産部や特許事務所等へ発明の内容を説明する必要がない場合であっても、発明提案書は作成するべきです。発明提案書の記載内容に特に決まりはありませんが、図5-1に示すようなものが一般的だと思います。

発明提案書の書き方（具体例）と注意点

次に、具体例を用いて発明提案書の書き方と注意点を説明します。ここでは、本発明を「A成分を含むことで従来よりも格段においしくなった、イチゴを含む大福型アイス」とします。また、後にこの場合の発明提案書の作成例も示します（図5-2参照）。

①本発明の名称

簡単に示せば十分です。本発明の場合であれば「大福型アイス」でよいですし、単に「アイス」でもよいと思います。

発明提案書のフォーマット（5-1）

発明提案書

氏名:	部署:	提出日:
① 本発明の名称		
② 本発明の目的		
③ 本発明の構成 ⑴構造や手順を説明する。 ⑵効果や願望ではなく,効果や願望を実現するための具体的手段を記載する。 ⑶図面、表、グラフなどを利用して良い。		
④ 先行技術（最も類似していると思われるものの、内容、特許公開番号や論文名等）		
⑤ 先行技術と本発明の共通部分（両方に共通する部分。上記③と④を比較する。）		
⑥ 先行技術と本発明の異なる部分（上記③と④を比較する。）		
⑦ 本発明の効果		
⑧ 本発明の実施例（実際に行った実験内容、実験結果を詳細に記載する。）		

②本発明の目的

本発明で何をしたいのか、どのようなものを得たいのかを記載します。

本発明の場合、たとえば「よりおいしいアイスを提供したい」と記載します。

③本発明の構成

「②本発明の目的」に記載した目的（よりおいしいアイスを提供したい）を達成するために、どのようなものを考え出したのかを記載します。すなわち、この欄には、本発明そのものを記載します。たとえば物の発明の場合であれば、どのような構造であるかを記載します。方法の発明の場合であれば、その手順を記載します。

この欄には、基本的には本発明の目的や効果は記載しません。この欄に本発明の目的や効果のみを記載する発明者の方が非常に多いので、注意が必要です。

また、本発明の内容を文章のみで説明することは非常に難しいので、図、表、グラフなどを積極的に用いて説明してください。

本発明の場合、この欄には、たとえば「A成分を含む」「イチゴを含む」「アイスを餅でくるんでいる」のように記載します。

④先行技術

J-PlatPat等を用いて検索して見つけた文献に記載されている内容を簡単に記載します。類似している発明が記載されている文献をいくつか（目安としては2～5個くらい）挙げて、各々の内容を簡単に示します。

本発明の場合、たとえば「特開○○-○○○○には、イチゴを含むアイスを餅でくるんだものが記載されている」と記載します。

⑤先行技術と本発明の共通部分

上記の「③本発明の構成」と「④先行技術」を比較して、共通している部分を抜き出して記載します。また、「③本発明の構成」と同様ですが、たとえば本発明が物の発明の場合であれば「物の構造」において共通している部分を記載しますし、方法の発明の場合であれば「方法の手順」において共通している部分を記載します。この欄についても、本発明の目的や効果について共通していることのみを記載する方が多いので、注意が必要です。本発明の場合であれば、「イチゴを含む」という点と、「アイスを餅でくるんでいる」という点が共通している部分となります。

⑥先行技術と本発明の異なる部分

上記の「③本発明の構成」と「④先行技術」を比較して、異なっている部分を抜き出して記載します。この欄についても、本発明の目的や効果について異なる部分のみについて記載する方が多いので注意が必要です。

本発明の場合、「アイスがA成分を含む」という点が異なる部分となります。

⑦本発明の効果

この欄は、上記の「②本発明の目的」と表裏の内容となります。つまり、「②本発明の目的」が「△△がしたい」の場合、「⑦発明の効果」は「本発明によって△△ができた」となります。

本発明の場合であれば、「従来のものよりも、格段においしいアイスが得られた」となります。

⑧本発明の実施例

実施例の記載は非常に重要です。一般的に、知的財産部の方や特許事務所の専門家は、この実施例の記載内容に基づいて発明の内容を理解していきます。したがって実施例について十分に記載されていないと知的財産部の方や特許事務所の専門家は発明をきちんと理解することができないので、十分な内容の特許出願書類を作成することが困難になります。

また、発明提案書に基づいて特許出願書類を作成する場合、明細書に実施例をしっかりと記載しておかないと特許庁の審査官にどのような発明かを理解させることができなくなる可能性があります。特許庁の審査官は、特許出願書類の内容を読んでも発明の内容がわからない場合、それを理由として特許出願を拒絶します。具体的には「実施不可能である（第36条第4項第1号）」などという拒絶理由が通知されます。このような説明不足を理由とする拒絶理由通知がきた場合、補正をしたとしても、これをくつがえすのは非常に困難です。また、くつがえすためには、通常、特許請求の範囲を非常に狭く限定する補正を強いられることになります。

したがって、予め、発明提案書には実施例をできるだけ詳細に記載します。具体的には、当該技術分野における普通レベルの技術者・研究者が、その記載を読むだけで再実験を行うことができる程度に詳細に記載します。図、表、グラフなどを積極的に用いて記載しましょう。

発明提案書

氏名: 発明一郎	部署: 研究開発部	提出日: H23.8.1

① 本発明の名称

大福型アイス

② 本発明の目的

よりおいしいアイスを提供したい。

③ 本発明の構成
(1)構造や手順を説明する。
(2)効果や願望ではなく,効果や願望を実現するための具体的手段を記載する。
(3)図面、表、グラフなどを利用して良い。

・A成分を含む
・イチゴを含む。
・アイスを餅でくるんでいる。

④ 先行技術（最も類似していると思われるものの、内容、特許公開番号や論文名等）

特開○○-○○○○には、イチゴを含むアイスを餅でくるんだものが
記載されている。

⑤ 先行技術と本発明の共通部分（両方に共通する部分。上記③と④を比較する。）

「イチゴを含む」という点と、「アイスを餅でくるんでいる」という点が
共通している。

⑥ 先行技術と本発明の異なる部分（上記③と④を比較する。）

「アイスがA成分を含む」という点が異なる。

⑦ 本発明の効果

従来のものよりも、格段においしいアイスが得られた。

⑧ 本発明の実施例（実際に行った実験内容、実験結果を詳細に記載する。）

ここには書ききれないので、別紙参照。

5-2 特許出願するために必要な書類

特許出願しても必要な書類が足りていない場合は、通常、出願が却下されます。また、特許出願書類に記載すべきことは法定されています。さらに、記載の順番、字の大きさ、余白の大きさ等までも決められています。したがって、特許出願書類の書き方をきちんと調べてから明細書等を作成する必要があります。形式的な不備が原因で特許権がとれないのは本当にもったいないことです。

出願書類にはどのようなものがあるのか？

特許出願するために必須の書類は、「願書」「明細書」「特許請求の範囲」および「要約書」です。そして、「図面」は提出してもよい書類です。つまり、「図面」は必須の書類ではありません。また、各々の書類は、どのような欄を設けてどのように記載するかが決まっています。また、字の大きさや余白の大きさまで決まっています。詳細については特許庁のホームページから入手できますので、専門家を利用しない場合は内容を確認してください（☞56）。

また、特許出願書類は発明提案書の記載内容に基づいて作成することができます。

以下に、出願書類を例示します。これらの中には発明提案書との対応がわかるようにコメントを記載してあります。

特許出願のときに必要な書類（5-3）

【書類名】　特許願
【整理番号】　○○○○　⇒ 自社の整理番号等を記載します。無くてもOK。
【あて先】　特許庁長官殿
【国際特許分類】　Ａ１１Ｂ　１／１１　⇒ できれば記載します。無くてもOK。
【発明者】
　【住所又は居所】　東京都千代田区霞が関１丁目３番１号
　【氏名】　発明　一郎
【発明者】
　【住所又は居所】　東京都千代田区霞が関１丁目３番１号
　【氏名】　発明　太郎

2人目の発明者がいれば記載します。

※発明者が3名以上の場合は、同様に続けて記載します。

【特許出願人】
　【識別番号】　０００００００００
　【氏名又は名称】　特許株式会社
　【代表者】　発明　次郎
【代理人】
　【識別番号】　１００１６０８６４
　【弁理士】
　【氏名又は名称】　高橋　政治
【手数料の表示】
　【指定立替納付】
　【納付金額】　１４０００
【提出物件の目録】
　【物件名】　明細書　１
　【物件名】　特許請求の範囲　１
　【物件名】　要約書　１
　【物件名】　図面　１

特許出願のときに必要な書類［前ページのつづき］

【書類名】　明細書
【発明の名称】　大福型アイス　⇒ 発明の名称を簡単に記載します。
【技術分野】
【０００１】
本発明は大福型アイスに関する。
【背景技術】
【０００２】
従来、〇〇〇という技術があった。・・・・・・・・・・・

⇒ 発明提案書の「④先行技術」の内容を記載します。

【先行技術文献】
【特許文献】　⇒ 発明提案書の「④先行技術」に挙げた文献の公開番号を下記要領で記載します。
【０００３】
【特許文献１】　特開２０００－００００００号公報
【特許文献２】　特開２０１１－００００００号公報
⇒ 先行技術文献が3つ以上であれば、【特許文献３】等として同様に記載します。

【発明の概要】
【発明が解決しようとする課題】
【０００４】
本発明の課題は、よりおいしいアイスを提供することである。

「発明提案書」の「② 本発明の目的」を記載して下さい。
※後に記載する【発明の効果】と内容が合致するように記載して下さい。
（例）
【発明が解決しようとする課題】
従来は、Xというものがなかった。本発明は、Xを提供することを課題とする。
【発明の効果】
本発明によれば、Xを提供することができる。

【課題を解決するための手段】
【０００５】
本発明者は鋭意検討し、上記課題を解決する方法を見出し、本発明を完成させた。
本発明は・・・・・・・である。

⇒【特許請求の範囲】と同様の内容を記載すれば問題ありません。

【発明の効果】
【０００６】
本発明によれば、よりおいしいアイスを提供することができる。

⇒「発明提案書」の「⑦発明の効果」を記載します。

【図面の簡単な説明】
【０００７】
【図１】　図１は・・・・・を示す図である。
【図２】　図２は・・・・・

⇒ 図面の内容を簡単に（1行程度で）記載します。

【発明を実施するための形態】
【０００８】
本発明について詳細に説明する。本発明は、・・・・・・・

⇒ 以下は、【特許請求の範囲】に記載した内容を詳細に説明していきます。「発明提案書」の「⑥先行技術と本発明の異なる部分」については強調して記載します。

特許出願のときに必要な書類［前ページのつづき］

【実施例】

【０００９】

本発明の実施例について説明する。

⇒ 実際に行った実験内容をできるだけ具体的に記載します。
図やグラフを積極的に用いて説明しましょう。

【符号の説明】

【００１０】

１　　もち

３　　いちご

５　　アイス

⇒ 図中に付けた番号ごとに名称を記載します。

特許出願のときに必要な書類［前ページのつづき］

【書類名】　特許請求の範囲

【請求項１】

Ａ成分を含むアイスと、アイスの中に存するイチゴと、・・・・・・・・・・・・・・ということを特徴とする大福型アイス。

【請求項２】

さらに、ミカンを含む、請求項１に記載の大福型アイス。

【請求項３】

・・・・・・・・・・

⇒ 発明提案書の「③本発明の構成」を記載します。
請求項1の範囲が最も広く、請求項2、請求項3…と徐々に範囲が狭くなるように、かつ、徐々に実施例の態様に近づくようにすると良いでしょう。

特許出願のときに必要な書類［前ページのつづき］

【書類名】要約書

【要約】

【課題】よりおいしいアイスの提供。⇒ 明細書中の【発明が解決しようとする課題】を簡単に記載します。

【解決手段】A成分を含むアイスと、アイスの中に存するイチゴと、・・・・・・・・・・・・ということを特徴とする大福型アイス。

⇒【請求項1】と同様の内容で構いません。

【選択図】図1　⇒ 図を見た方がわかりやすいと思われる場合は図番号を記載します。「なし」でも構いません。

※要約書の全体で400字以内にする必要があります。

【書類名】図面

【図１】

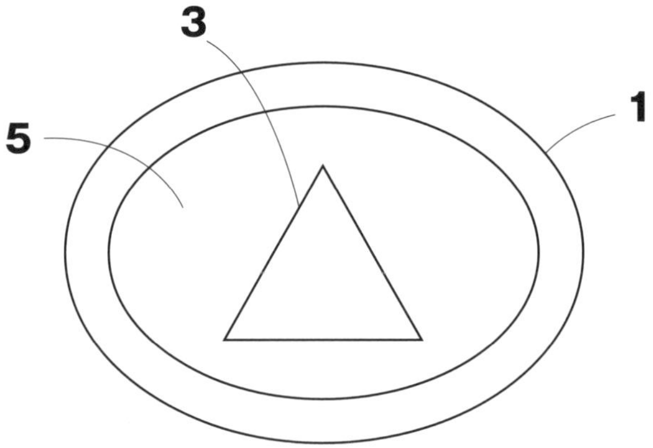

5
3
1

⇒ 図があれば記載します。図面はなくても構いません。

【図２】

⇒ 図が複数ある場合は、【図2】、【図3】のようにして示します。

5-3 出願書類は自分で作成するか？専門家に依頼するか？

会社や研究機関に所属している技術者・研究者の方であれば、通常、発明提案書を作成すれば、あとは会社等が契約している特許事務所の専門家に任せて特許出願書類を作ることができると思います。特許出願書類を自分で作って特許出願することも可能ですが、本節では、主に特許出願書類の作成を専門家に任せた場合に、技術者・研究者の方は何をすべきかについて説明します。

出願書類を作成するに際して

企業や研究機関の場合、通常、技術者・研究者の方が発明提案書を完成させた後、専門家（特許事務所）へ依頼して特許出願書類を作成すると思います。

一方、それほど多くはないと思いますが、技術者・研究者の方が明細書等の出願書類を作成して、それをもって出願する場合もあります。これはコスト削減が主な目的のようです。しかし、この場合、専門家が作成した場合と比較するとどうしても明細書等の質が低下してしまうので、発明自体は優れていても権利化できなくなる可能性が生じます。また、権利化できても、優れた発明を適切にカバーする範囲の特許権を取得できない場合が多いようです。この場合、技術者・研究者の方の負担が増えたうえ、自社の技術を競合他社に開示しただけという結果になってしまう可能性があります。

したがって、私は、技術者・研究者の方が明細書等の出願書類を作成することはお勧めしていません。できれば専門家に依頼したほうがよいと思っています。

技術者・研究者の方が明細書等の出願書類を作成して出願する場合は、特許出願書類の書き方を解説した書籍をいくつか読んでみてください。そのような書籍はたくさんありますので、そちらを参照していただければと思います。

本節では特許出願書類の作成を専門家に任せた場合に、技術者・研究者の方は何をすべきかについて説明したいと思います。

専門家に依頼する場合に技術者・研究者がすべきこと

①発明提案書を用いて専門家へ発明内容を説明する。

5-1節に説明した要領で発明提案書を作成し、それを用いて特許事務所等の専門家へ発明内容を説明して下さい。

②実施例をできるだけ充実させる。

一昔前ですと、技術者・研究者の方が先行技術調査を行って、特許請求の範囲を考え、明細書の内容もある程度考えて明細書のたたき台のようなものを作成して、これを特許事務所（専門家）へ渡して、出願書類を作成させるのが一般的でした。

しかし、現在は特許事務所のレベルも上がっていて、発明提案書を用いて発明内容を説明しさえすれば、特許事務所の方で明細書等を作成してくれます。場合によっては（レベルが高い特許事務所の弁理士に依頼すれば）、発明提案書さえ必要なく、社内資料等の何らかの資料を用いて発明内容を説明するだけで、特許事務所の方で先行技術調査を行って、それを踏まえて特許請求の範囲を最適に設計したうえで明細書までも作成してくれます。この場合、技術者・研究者および企業の知的財産部の方は、かなり負担を減らすことができるでしょう。

このように専門家のレベルは上がっているのですが、どんなにレベルが高い専門家であってもできないことがあります。それは、実際に実験を行って、適切な内容の実施例を、適切な個数、作成することです。

特許出願書類の作成を専門家に任せたとしても、これについては技術者・研究者の方がやらなければならないことといえます。

また、逆に、適切な実施例が適切な個数あれば、それだけでレベルが高い専門家はどこに発明のポイントがあるのかを把握することができますし、発明提案書がないような場合であっても、先行技術調査、特許請求の範囲の設計、明細書の作成のすべてを行うことができる場合もあります。

次に、実施例の数はどの程度必要かについて説明します。

たとえば化学系の発明の特許出願の場合、実施例の数が足りないと実施可能要件（第36条第4項第1号）または特許請求の範囲の記載要件（第36条第6号第1号）を満たさないとして拒絶される場合があります。

それでは実施例の個数は、どの程度が必要なのでしょうか？

これに対する回答はとても難しく一概にはいえないのですが、特許請求の範囲に記載した発明の範囲をできるだけ網羅するように実施例があるとよいとはいえます。

たとえば、特許請求の範囲に記載した発明が「成分Aを10〜20%含む塗料」である場合、成分Aを10%、12%、14%、16%、18%、20%の各々で含む6種類の塗料を用意し、これらについて性能を評価した実施例があると網羅しているといってよいでしょう。

これに対して同じ発明について、成分Aを15%、16%で含む2種類の実施例しかない場合、特許請求の範囲に記載した発明の範囲を網羅しているとはいいにくいと思います。この場合、特許庁で審査してもらっても、審査官から「明細書には成分Aを15%、16%含む塗料が開示されているにすぎない。よって、特許請求の範囲に記載の発明（10〜20%）のすべてについて明細書に開示されているとはいえず、特許請求の範囲の記載要件を満たしていないので特許は与えられない」というような内容の拒絶理由がでるでしょう。

なお、ここに具体例として挙げた発明は極単純なものですが、実際の発明はもっと複雑です。したがって、その発明の範囲を網羅しようと思ったら実施例が数十個とか数百個必要となり、現実的でない場合があります。このような場合は、できるだけたくさんの実施例を用意し、上記のような拒絶理由がきた場合に、その拒絶理由を回避する補正ができるように明細書を作成しておくことが重要です。たとえば、特許出願の際には実施例が15%、16%のものしかなく、その2つの実施例のみを記載して特許出願する場合は、上記のような拒絶理由がでることを想定して、特許出願時にあらかじめ「成分Aを15〜16%含む塗料」などのように補正できるように明細書を作成しておきます。

次に、数値限定発明における実施例について説明します。

特許請求の範囲に数値範囲を記載している発明を、一般的に数値限定発明といいます。たとえば「A成分を10〜20%含むことを特徴とする塗料」というような発明です。

このような数値限定発明は、特に実施例と比較例の充実が必須となります。数値範囲内にあれば（上記の例の場合であれば10〜20%内であれば）性能が良いけれど、数値範囲から外れると性能が悪くなることを発明者（正確には出願人）が示さなければなりません。したがって、数値限定発明の場合は特に実施例および比較例を可能な限りたくさん用意してください。

しかし、実際、特許出願の際に実施例および比較例をたくさん用意することは難しいと思います。そこで、実施例だけでよいですから、なるべくたくさん用意してください。つまり、比較例はなくてもよいです。これは拒絶理由通知がきた段階で意見書において比較例を示すことができるからです。これに対して意見書において新しい実施例を示しても、審査官は受け入れません。本発明に含まれる内容については、すべて特許出願の際に明細書等に記載しなければならないからです。なお、特許出願の際に比較例もあった方がよいことは間違いありませんので、余裕があれば比較例も作成してください。

③自社が市場に提供するものは何か？

特許出願書類の作成を専門家に任せた場合、技術者・研究者の方は、本発明に関して自社は市場へ何を提供するつもりなのかを専門家へ伝えてください。つまり、自社は物を作ってそれを販売するのか、それとも物は作らずに販売だけをしているのか、また、何かを修理するつもりなのか等を伝えてください。

それを知ることができれば、専門家は、自社の行為を保護する特許権がとれるように特許請求の範囲の構成を考えます。たとえば、自社は物を作ってそれを販売する予定ならば、「物」の特許権と「製造方法」の特許権がとれるように特許請求の範囲を構成します。

④書類内容をチェックする。

技術者・研究者の方は専門家が作成した特許出願書類の内容を必ずチェックしてください。特に、技術者・研究者の方は、技術的な側面から記載内容が正しいかをチェックしてください。特許の専門家（弁理士）は理工学のバックグラウンドがある場合が多いので、発明の技術的理解度は高いはずですが、発明内容を誤解して記載している場合があります。

また、明細書等の記載方法に疑問点があれば、何故このように記載しているのか、記載の意図を聞いてみましょう。レベルが高い専門家であれば、個々の記載について根拠をもっていますので回答が得られるはずです。

なお、企業や研究機関の中に知的財産部等がある場合は、知的財産部等の方が技術的側面を含めた全体的なチェックを行うと思います。しかし、このような場合であっても技術者・研究者の方は技術的側面からのチェックを行うべきです。知的財産部の方よりも技術者・研究者の方のほうが技術的な理解度が高いはずだからです。

特許出願時に技術者・研究者がすべきこと（5-4）

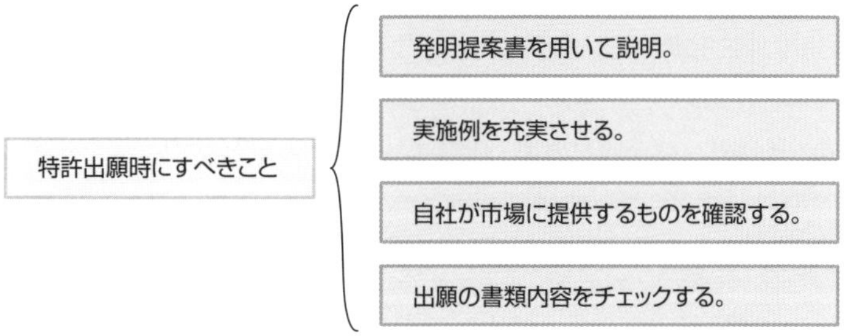

特許出願時にすべきこと
- 発明提案書を用いて説明。
- 実施例を充実させる。
- 自社が市場に提供するものを確認する。
- 出願の書類内容をチェックする。

COLUMN　特許出願書類はどのような順番で作成していくべきか？

明細書、特許請求の範囲、図面および要約書の中のどの書類から、また、これらの書類の中のどの項目から手をつけて、どのような順番で作成していくと特許出願書類を効率的に作成できるのでしょうか？

特に決まりはないですし、専門家の中でも各人によって様々だと思いますが、比較的多いものとして、初めに特許請求の範囲の【請求項】を作成し、次に、明細書の中の【発明の効果】、次に【発明が解決しようとする課題】、次に【背景技術】、そして、【発明を実施するための形態】を記載していくという順番が挙げられると思います。

私も以前はこのような順番で作成していたのですが、数年前からは、一番初めに【実施例】を作成するようになりました。これは私が化学系の仕事が多いということもありますが、【実施例】から始めると発明の本質を理解しやすくなる傾向があるからです。また、発明提案書がないような場合であって、どのような発明かを理解しにくい場合でも、まず初めに実施例を作成し、発明者の方になぜこのような実験を行うのか、この操作は必須か、というようなことを教えていただくと、その発明を理解しやすくなります。

【実施例】、【請求項】、【発明の効果】、【発明が解決しようとする課題】、【背景技術】、【発明を実施するための形態】という作成順がお勧めです。

5-4 出願した後に技術者・研究者が注意すべきこと

特許出願が完了したら「しばらくの間、やるべきことはないな。あとは3年以内に出願審査請求をすればよい」と思うかもしれませんが、そうではありません。数カ月以内に国内優先権主張出願や外国出願を行うか否かを判断して、行う場合は必要な作業を始めます。外国出願の場合、日本で出願する場合と比較して費用が高くなるため、出願するか否か、出願する場合はどの国へ出願するかの判断が重要です。

技術開発が進んだら国内優先権主張出願をしよう

一連の技術開発の途中で1つ発明が完成し、その発明について特許出願を行い、その後、継続して技術開発をしていたら、さらによい改良発明ができたという場合がよくあります。

また、実施例をたくさん用意している時間がなかったので、実施例の数が少ないまま、特許請求の範囲に記載した発明の範囲を網羅していない状態で特許出願してしまったが、その後、技術開発が進んでいくつか実施例ができあがったという場合もあります。

このような場合、先に行った特許出願の日から1年以内であれば、改良発明や新しい実施例を、先に行った特許出願につけ加える**国内優先権主張出願**を行うことができます。このようにすることで特許がとれる可能性が高まりますので、できれば国内優先権主張出願を行ったほうがよいです。

技術者・研究者の方は「1年以内であればつけ加えることができる」ということを覚えておいてください。ただし、1年以内に国内優先権主張出願の特許庁への手続きを完了する必要がありますので、国内優先権主張出願を行う場合は、その2~3カ月前には出願書類の作成準備を始める必要がある点に注意してください。

また、改良発明ができたが、先に行った特許出願の日から1年経過してしまったという場合もあります。この場合、1年6月が経過していなければ、その改良発明について通常の特許出願を行ってもよいと思います。改良の程度が大きく、先の特許出願の発明とは別の発明になっていれば特許がとれる可能性があります。なお、改良発明の改良の程度が小さく、先に行った特許出願の発明と、後に行った改良発明とが実質的に同一である場合は、先に行った特許出願に対して後願であることを理由として（第39条第1項）、特許はとれないことになります（☞57）。

さらに、改良発明ができたが、先の特許出願から1年6月を経過してしまったという場合もあります。このような場合は先の特許出願の内容が公開されていますので、改良発明について特許出願しても、先の特許出願の発明に対して進歩性がないことを理由として拒絶される可能性があります。ただし、改良発明における改良の程度が相当程度進んでいて、先の特許出願の発明とは違うものになっている場合は、先の特許出願の内容が公開されていても、改良発明について進歩性が認められて特許がとれる可能性はあります。

日本以外でも特許権がほしい場合は1年以内に外国に出願しよう

日本で特許出願して特許がとれれば日本国内においてその発明についての商品等の製造や販売等を独占できますが、他の国では独占できません。よって、他の国でも同様に独占したい場合は、他の国にも特許出願して特許をとる必要があります。たとえば、商品の生産を中国で行ってアメリカで販売するというような場合、生産する行為を独占するために中国で特許をとり、販売する行為を独占するためにアメリカで特許をとる必要があります。

このように日本以外の外国で特許をとる必要がある場合は、先の日本での特許出願から1年以内に**外国出願**を行いましょう。これは1年以内であれば**パリ条約優先権**を主張することができるからです。これを主張することで、外国での特許出願の審査において、実際の出願日ではなく、先の日本での特許出願を行った日を基準として特許性を判断してくれるので、特許がとれる可能性が高まります。詳しくは**さらに詳しく知りたい方のために**の☞39を参照してください。

なお、先の日本での特許出願から1年は経過していても、1年6月を経過していなければ外国での特許出願を行ってもよいと思います。パリ条約優先権は主張できませんが特許をとれる可能性はあります。

ただし、先の日本での特許出願から1年6月が経過していた場合、日本での先の出願が公開されますので、その後にたとえば中国で同じ発明について特許出願しても、日本で公開されているので新規性がないことを理由として拒絶されます。

技術者・研究者の方は「外国出願は1年以内に行う」ということを覚えておいてください。ただし、上記の国内優先権主張出願の場合と同様ですが、1年以内に手続きを完了する必要がありますので、外国出願を行う場合は、その数カ月前（直接出願（3-6参照）の場合は、通常、明細書等の翻訳文を作成する必要があるため、国内優先権主張出願の場合よりもさらに前）には出願書類の作成準備を始める必要がある点に注意してください。

特許出願した後に技術者・研究者がすべきこと（5-5）

- 特許出願した後にすべきこと
  - 1年以内に国内優先権主張出願
  - 1年以内に外国出願

第 6 章

拒絶理由通知への対応

特許出願しただけでは特許権は得られません。出願審査請求をして特許庁で審査をしてもらい、その後、特許査定がでてやっと特許権が得られます。ただし、審査の結果、すぐに特許査定がでることはまれで、非常に多くの場合、拒絶理由通知書がきます。拒絶理由通知書に対して意見書を提出して反論したり補正したりすることで、やっと特許権が得られます。発明して特許出願書類の作成を始めたときに一連の特許出願業務が始まったとすれば、拒絶理由通知書がきたときにやっと後半が始まったと思ってください。

6-1 拒絶理由通知とは？

拒絶理由通知とは、審査官が特許出願人へ、なぜ拒絶しようとしているのかの理由を知らせるものです。特許法上、審査官は審査の結論である拒絶査定を行う前に、必ず拒絶理由を通知しなければならないことになっています。また、拒絶理由通知書がくると意見書と補正書を提出することができます。

非常に多くの場合、拒絶理由通知書がくる

特許出願後、特許庁へ出願審査請求をすると、しばらくたってから審査の結果が知らされます。審査の結果がよい場合は**特許査定**がきます。悪い場合は**拒絶査定**がきますが、その前に必ず**拒絶理由通知書**がきます。

ここで拒絶理由通知書がきた場合に「もう特許がとれないんだ」と絶望する方がいらっしゃいますが、全くそういうことはありません。拒絶理由通知書がきた後に、出願書類の内容を修正（補正）したり、この発明は特許されるべきであるとの反論を記載した意見書を提出したりすることができます。その結果、特許査定がきて特許権がとれる場合が多々あります。

そもそも、審査の結果、初めに特許査定がくることはまれで、非常に多くの場合は拒絶理由通知書がきます。特に特許事務所の専門家が出願書類を作成した場合、ほとんど拒絶理由通知書がくるといってよいでしょう。これは専門家の場合、特許出願時の特許請求の範囲は新規性のみを備えるように記載し、拒絶理由通知書の内容を見てからギリギリで拒絶理由を回避するように発明の範囲を減縮補正することで、できるだけ広い特許権をとるという戦略を立てるからです。

したがって、逆にいうと、拒絶理由通知書がくることなく特許査定がきた場合、特許請求の範囲に記載した発明の範囲が狭すぎた可能性があります。つまり、もっと広い範囲の発明でも特許がとれた可能性があるのに、不用意にも範囲を狭くし過ぎたのかもしれないのです。

このように拒絶理由通知書がきても全く絶望する必要はありません。その後、うまく対応すれば特許はとれ得ます。拒絶理由通知書の内容をよく読んで対策を考えましょう。

6-2 実際の拒絶理由通知書の例

拒絶理由通知書の具体例を示します。ただしここに例示したものは簡略化したものであって実際は拒絶理由が複数記載されていることが多く、拒絶理由通知書の記載内容はもっと複雑になります。拒絶理由通知書に記載されている審査官の判断理由は妥当なことが多いですが、見当違いのことが記載されている場合もあります。内容をよく読んで検討してみることが必要です。

拒絶理由通知書の具体例

第２章で説明したように、拒絶理由にはたくさんの種類があります。その種類の分だけ拒絶理由通知書の種類もあることになります。そのすべてを紹介することはできませんので、ここでは主なものとして「新規性がない場合」「進歩性がない場合」「実施可能要件を満たしていない場合」「特許請求の範囲の記載要件を満たしていない場合」の４種類の拒絶理由通知書の具体例を示します。

なお、実際の拒絶理由通知書では、「新規性がなく、進歩性がなく、実施可能要件も満たしていない」という判断内容のものもあります。この場合は、次に説明する「新規性がない場合」「進歩性がない場合」「実施可能要件を満たしていない場合」の３つが組み合わさった内容の拒絶理由通知書になります。

また、「特許請求の範囲の記載要件を満たしていない場合」の拒絶理由通知書として、「第36条第６項第１号」と「第36条第６項第２号」の場合の２種類の具体例を挙げます。「特許請求の範囲の記載要件を満たしていない場合」の拒絶理由通知書としては、「第36条第６項第３号」と「第36条第６項第４号」の場合もありますが、このような拒絶理由がでることはあまり多くないです。

「新規性がない場合」の拒絶理由通知書の内容

拒絶理由通知の例（新規性なし）（6－1）

発送番号　○○○○
発送日　平成23年1月5日

拒絶理由通知書

特許出願の番号	特願2011-123456
起案日	平成23年1月1日
特許庁審査官	○○ ○○
特許出願人代理人	高橋 政治 様
適用条文	第29条第1項

第29条第1項は、「新規性」について規定している条文です。

この出願は、次の理由によって拒絶をすべきものです。これについて意見がありましたら、この通知書の発送の日から60日以内に意見書を提出してください。

「発送の日」は右上の「発送日」（この例では平成23年1月5日）を意味します。

理由

この出願の下記の請求項に係る発明は、その出願前に日本国内又は外国において頒布された下記の刊行物に記載された発明又は電気通信回線を通じて公衆に利用可能となった発明であるから、特許法第29条第1項第3号に該当し、特許を受けることができない。

記（引用文献等については引用文献等一覧参照）

・請求項1、2
・引用文献1
・備考

第29条第1項第3号は、「文献公知等についての新規性」について規定している条文です。

引用文献1には、請求項1に係る………………の製造方法が記載されている。

そして、引用文献1の[0005]段落には、請求項2に相当する………………という製造方法について記載されている。そうすると、請求項1、2に係る発明と引用文献1に記載された発明との間に差異がない。

なぜ新規性がないと判断するかの理由が示されています。

拒絶理由通知の例（新規性なし）[前ページのつづき]

引用文献等一覧

1.特開平○○-○○○○○○号公報
2.特開○○○○-○○○○○○号公報

引用文献が具体的に示されます。

先行技術文献調査結果の記録

この欄は無視してよいです。拒絶理由には関係ありません。

この先行技術文献調査結果の記録は拒絶理由を構成するものではありません。

調査した分野　IPC A01D1/00-7/30
　　　　　　　IPC B01C1/00-11/00

先行技術文献　特開昭61-000001号公報
　　　　　　　特開2000-123456号公報
　　　　　　　特開平10-456789号公報

この拒絶理由通知の内容に関するお問い合わせ、または面談のご要望がございましたら下記までご連絡下さい。

特許審査第○部 ○○○○ (審査官名)

TEL.03(3581)1101 内線○○○○
FAX.03(○○○○)○○○○

拒絶理由の内容で不明点があれば、審査を行った審査官に、電話等で直接問い合わせることもできます。また、面談を行うこともできます。

「進歩性がない場合」の拒絶理由通知書の内容

拒絶理由通知の例（進歩性なし）（6-2）

発送番号　○○○○
発送日　平成23年2月5日

拒絶理由通知書

特許出願の番号	特願2011-234567
起案日	平成23年2月1日
特許庁審査官	○○ ○○
特許出願人代理人	高橋 政治 様
適用条文	第29条第2項

第29条第2項は、「進歩性」について規定している条文です。

この出願は、次の理由によって拒絶をすべきものです。これについて意見がありましたら、この通知書の発送の日から60日以内に意見書を提出してください。

理由

この出願の下記の請求項に係る発明は、その出願前に日本国内又は外国において頒布された下記の刊行物に記載された発明又は電気通信回線を通じて公衆に利用可能となった発明に基づいて、その出願前にその発明の属する技術分野における通常の知識を有する者が容易に発明をすることができたものであるから、特許法第29条第2項の規定により特許を受けることができない。

「その発明の属する技術分野における通常の知識を有する者」とは当業者を意味します。

記（引用文献等については引用文献等一覧参照）

・請求項1、2
・引用文献1、2
・備考

引用文献1には、塗料Xを塗布してなる鋼板が記載されている。また、塗料Xは成分Aを含んでもよい旨も記載されている。
また、引用文献2には、成分Aを10%含む塗料が記載されている。
そうすると、成分Aを10%程度含む塗料は公知であるといえ、引用文献1に記載の発明において、成分Aの含有率を10%に調整した塗料Xを塗布してなる鋼板を得ることに、格別の技術的困難性はない。

請求項１について、なぜ進歩性がないと判断されるかの理由が示されています。

拒絶理由通知の例（進歩性なし）[前ページのつづき]

請求項２は、塗料Ｘからなる被膜の厚さが10〜20mmであることを規定するものであるが、引用文献１に記載の発明において、塗装の被膜厚さを最適化するのは、当業者の通常の創作能力の発揮であり、適宜設定できるものでのである。

引用文献等一覧

1. 特開平○○-○○○○○○号公報
2. 特開○○○○-○○○○○○号公報

請求項２について、なぜ進歩性がないと判断されるかの理由が示されています。

先行技術文献調査結果の記録

この先行技術文献調査結果の記録は拒絶理由を構成するものではありません。

調査した分野　IPC A01D1/00-7/30
IPC B01C1/00-11/00

先行技術文献　特開昭61-000001号公報
特開2000-123456号公報
特開平10-456789号公報

この拒絶理由通知の内容に関するお問い合わせ、または面談のご要望がございましたら下記までご連絡下さい。

特許審査第○部 ○○○○（審査官名）
TEL.03(3581)1101 内線○○○○
FAX.03(○○○○)○○○○

「実施可能要件を満たしていない場合」の拒絶理由通知書の内容

拒絶理由通知の例（実施可能要件）（6-3）

発送番号　○○○○
発送日　平成23年3月5日

拒絶理由通知書

特許出願の番号	特願2011-345678
起案日	平成23年3月1日
特許庁審査官	○○ ○○
特許出願人代理人	高橋 政治 様
適用条文	第36条第4項第1号

第36条第4項第1号は、「実施可能要件」について規定している条文です。

この出願は、次の理由によって拒絶をすべきものです。これについて意見がありましたら、この通知書の発送の日から60日以内に意見書を提出してください。

理由

この出願は、下記の点で発明の詳細な説明の記載が不備であり、特許法第36条第4項第1号に規定する要件を満たしていない。

請求項1に係る発明は、成分A～成分Gのいずれかを選択し、これを含む塗料を○○という方法で鋼板に塗布して被膜を形成することが記載されているが、発明の詳細な説明においては、成分Aを含む場合のみが実施例として記載されている。

しかしながら、この技術分野において、成分A～成分Gのいずれを選択するかによって、塗料の性質が大きく異なることが技術常識である。

特に成分Fを含む塗料については、成分Aを含む塗料とは全く異なる性質なので、請求項1の発明において成分Fを選択した場合は、当業者がこの発明を実施できるとはいえない。

したがって、発明の詳細な説明は、当業者がその実施をすることができる程度に明確かつ十分に記載されているとはいえない。

なぜ実施可能要件を満たさないのかの理由が示されています。

この拒絶理由通知の内容に関するお問い合わせ、または面談のご要望がございましたら下記までご連絡下さい。

特許審査第○部 ○○○○（審査官名）
TEL.03(3581)1101 内線○○○○
FAX.03(○○○○)○○○○

「特許請求の範囲の記載要件を満たしていない場合」の拒絶理由通知書の内容（1）

拒絶理由通知の例（記載要件1）（6-4）

発送番号 ○○○○
発送日 平成23年4月5日

拒絶理由通知書

特許出願の番号	特願2011-456789
起案日	平成23年4月1日
特許庁審査官	○○ ○○
特許出願人代理人	高橋 政治 様
適用条文	第36条第6項第1号

第36条第6項第1号は、特許請求の範囲について、「特許を受けようとする発明が発明の詳細な説明に記載したものであること」と規定している条文です。

この出願は、次の理由によって拒絶をすべきものです。これについて意見がありましたら、この通知書の発送の日から60日以内に意見書を提出してください。

理由

この出願は、特許請求の範囲の記載が下記の点で、特許法第36条第6項第1号に規定する要件を満たしていない。

請求項1に係る発明は「成分Aを含む塗料」であるが、発明の詳細な説明には成分Aを40〜60%含む塗料が開示されているにすぎず、請求項1に係る発明まで、発明の詳細な説明に開示された内容を拡張ないし一般化することができない。

なぜ特許請求の範囲の記載要件を満たしていないのか、理由が示されています。

この拒絶理由通知の内容に関するお問い合わせ、または面談のご要望がございましたら下記までご連絡下さい。

特許審査第○部 ○○○○（審査官名）
TEL.03(3581)1101 内線○○○○
FAX.03(○○○○)○○○○

「特許請求の範囲の記載要件を満たしていない場合」の拒絶理由通知書の内容（2）

拒絶理由通知の例（記載要件2）（6-5）

発送番号　○○○○
発送日　平成23年5月5日

拒絶理由通知書

特許出願の番号　特願2011-567890
起案日　平成23年5月1日
特許庁審査官　○○ ○○
特許出願人代理人　高橋 政治 様
適用条文　第36条第6項第2号

第36条第6項第2号は、特許請求の範囲について、「特許を受けようとする発明が明確であること」と規定している条文です。

この出願は、次の理由によって拒絶をすべきものです。これについて意見がありましたら、この通知書の発送の日から60日以内に意見書を提出してください。

理由

この出願は、特許請求の範囲の記載が下記の点で、特許法第36条第6項第2号に規定する要件を満たしていない。

請求項1に係る発明は「成分Aを55〜80%含み、成分Bを50〜70%含む塗料」であり、取りえない数値を含んでいるので、発明が不明確である。

なぜ特許請求の範囲の記載要件を満たしていないのか、理由が示されています。

この拒絶理由通知の内容に関するお問い合わせ、または面談のご要望がございましたら下記までご連絡下さい。

特許審査第○部 ○○○○ (審査官名)
TEL.03(3581)1101 内線○○○○
FAX.03(○○○○)○○○○

6-3 拒絶理由通知書の内容を読み取ろう

「この発明は新規性がないから拒絶されるべきである」との拒絶理由通知書がきた場合、ただ単に「いいえ、新規性はあります」と答えただけでは審査官は納得しません。審査官の判断が間違っている理由を説明する必要があります。この節では具体的な拒絶理由とそれへの対応策を説明します。まずは拒絶理由だけを読んで対応策を考えて、その後、説明を読んでいただければ、演習になると思います。

拒絶理由通知書への対応策

拒絶理由通知書の内容は様々ですが、ここではよくある内容の拒絶理由通知書として、「新規性なし」と「進歩性なし」を理由とする拒絶理由通知書を各々2つずつ挙げます。そして、さらに各々に対する具体的な対応策も示します。

なお、以下では、特許出願した発明を「本発明」といいます。そして、特許出願書類である「特許請求の範囲」の【請求項1】に示した発明を、「本発明における請求項1の発明」のように示します。

「新規性なし」の拒絶理由通知書への対応策（その1）

【本発明における請求項1の発明の内容】
成分Aを10～20%含む塗料。

【特許出願した明細書に記載の内容】
塗料は成分Aを10～20%含むが、この含有率は15～18%であることが好ましい。

【拒絶理由通知書の内容】
引用文献1には、成分Aを12%含む塗料が記載されている。そうすると、引用文献1に記載の発明と、本発明における請求項1の発明との間に差異がない。したがって本発明は引用文献1を理由として新規性がない。

特許出願および拒絶理由通知書の内容［新規性なし・その1］(6-6)

特許出願の内容 (特許請求の範囲、明細書の他に、願書、要約書、図面を提出)		拒絶理由通知書の内容
【書類名】特許請求の範囲	【書類名】明細書	拒絶理由通知書
【請求項1】 A成分を10～20%含む塗料。	【0020】 …塗料は成分Aを10～20%含むが、この含有率は15～18%であることが好ましい。…	引用文献1には、成分Aを12%含む塗料が記載されている。 そうすると、引用文献1に記載の発明と、本発明における請求項1の発明との間に差異がない。 したがって本発明は引用文献1を理由として新規性がない。

［対応策］

①拒絶理由通知書には「引用文献1には、成分Aを12%含む塗料が記載されている」と記載されていますが、本当にそのように記載されているかをチェックします。

チェックした結果、記載されていない場合は、意見書において「引用文献1に成分Aを12%含む塗料は記載されていない。したがって、引用文献1の記載を根拠として本発明の新規性が否定されることはない」と主張すれば、拒絶理由が解消して特許査定がでる可能性があります。

②引用文献1の内容をチェックした結果、審査官がいう通りに記載されているならば、このケースの場合、単に意見書に何らかの意見を書いて審査官へ提出しても、審査官の「新規性なし」の判断をくつがえすことは難しいと思います。そこで補正をすることで「新規性なし」の状態を脱することにします。

補正の方法ですが、明細書に「塗料は成分Aを10～20%含むが、この含有率は15～18%であることが好ましい」と記載されていますので、請求項1の内容を「成分Aを15～18%含む塗料」と変更（補正）することができます。引用文献1に記載の塗料は成分Aを12%含むものですから、「成分Aを15～18%含む塗料」の範囲外です。よって、含有率を15〜18%へ変更した後の本発明における請求項1の発明は、引用文献1に記載の発明に対して新規性を有することになります。

このように補正した上で、意見書に「補正したことで新規性を有することになったので、拒絶理由は解消した」のように記載して、審査官へ提出すれば、「新規性なし」の拒絶理由が解消して特許査定がでる可能性があります。

③ここで上記の①に関連して注意すべき点を示します。たとえば、引用文献1に「成分Aを12%含み、さらに成分Bを20%含む塗料」が記載されていたとします。この場合、引用文献1には、どのような発明が記載されていると理解すべきなのでしょうか？　「引用文献1には成分Aと成分Bの両方が含まれる塗料が記載されているのであって、成分Aのみが含まれる塗料は記載されてない！」とおっしゃる方がいますが、そのようには理解しない点に注意してください。このような場合、引用文献1には次の3つの発明が記載されていると理解しなければなりません。

- 「成分Aを12%含み、さらに成分Bを20%含む塗料」
- 「成分Aを12%含む塗料」
- 「成分Bを20%含む塗料」

これらについて専門用語を用いていうと「引用文献に下位概念が示されていれば、その上位概念も示されていると理解しなければならない」ということになります。「成分Aを12%含む塗料」と「成分Bを20%含む塗料」の各々は、「成分Aを12%含み、成分Bを20%含む塗料」に対して上位概念になりますので、引用文献1に記載されていると考えます。上位概念と下位概念の関係を逆に考える方がおられますが、図6-7で明らかになるでしょう。

上位概念と下位概念（6-7）

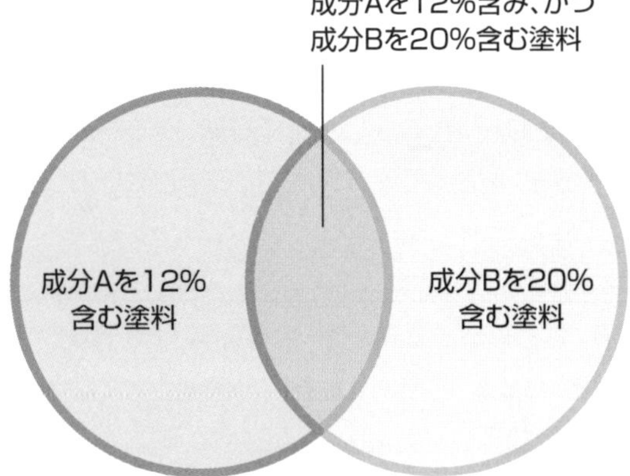

「新規性なし」の拒絶理由通知書への対応策（その2）

【本発明における請求項1の発明の内容】
成分Aを10〜20%含み、残部として成分Bを80〜90%含み、粘度が100〜200 mPa・sである、成分Aと成分Bからなる塗料。

【特許出願した明細書に記載の内容】
塗料は成分Aを10〜20%含むが、この含有率は15〜18%であることが好ましい。

【拒絶理由通知書の内容】
引用文献1には、成分Aを12%含み、成分Bを88%含む塗料が記載されている。粘度については記載されていないが、成分が同様であるので、粘度も同程度となることは技術常識からして明らかである。 したがって、引用文献1に記載の発明と、本発明における請求項1の発明との間に差異がないので、本発明は引用文献1を理由として新規性がない。

特許出願および拒絶理由通知書の内容［新規性なし・その2］(6-8)

特許出願の内容 (特許請求の範囲、明細書の他に、願書、要約書、図面を提出)		拒絶理由通知書の内容
【書類名】特許請求の範囲	【書類名】明細書	拒絶理由通知書
【請求項1】 成分Aを10～20%含み、残部として成分Bを80～90%含み、粘度が100～200mPa·sである、成分Aと成分Bからなる塗料。	【0030】 …塗料は成分Aを10～20%含むが、この含有率は15～18%であることが好ましい。…	引用文献1には、成分Aを12%含み、成分Bを88%含む塗料が記載されている。 粘度については記載されていないが、成分が同様であるので、粘度も同程度となることは技術常識からして明らかである。………

[対応策]

①前述の「その1」の場合と同様に、拒絶理由通知書の「引用文献1には成分Aを12%含み、成分Bを88%含む塗料が記載されている」との指摘が正しいかをチェックします。記載されていない場合は意見書においてその旨を主張します。

②拒絶理由通知書に「粘度については記載されていないが、成分が同様であるので、粘度も同程度となることは技術常識からして明らかである」と記載されています。しかし、引用文献に記載されていない事項（ここでは粘度）に基づいて新規性を判断してよいのでしょうか。新規性は引用文献に「記載されている」発明と本発明とを対比して判断するものです。

ここで問題になるのは、引用文献に「記載されている」とはどのようなものかということです。

これについて特許庁の「特許・実用新案審査基準」（参考文献（4））の第Ⅲ部第2章第3節3.1.1（1）aには、『「刊行物に記載された発明」とは、刊行物に記載されている事項及び刊行物に記載されているに等しい事項から把握される発明をいう。審査官は、これらの事項から把握される発明を、刊行物に記載された発明として認定する。刊行物に記載されているに等しい事項とは、刊行物に記載されている事項から本願の出願時における技術常識を参酌することにより当業者が導き出せる事項をいう。』と記載されています。

つまり、引用文献に明示的に記載されていなくても、技術常識から判断して記載されているに等しいと考えられることは、記載されているとすることができるということです。

上記の拒絶理由通知書の場合であれば、「成分が同様であるので、技術常識からすると粘度が100～200mPa・s程度であることが記載されているに等しい。」と審査官は考えたわけです。

拒絶理由通知書にこのように記載されていた場合、それが本当に技術常識といえるかを考えてみましょう。そして、技術常識とはいえない場合はその旨を意見書で主張します。審査官に技術常識ではないと認めさせることができれば、「新規性なし」の拒絶理由が解消します。

③拒絶理由通知書に記載の通り、引用文献1に「成分Aを12%含み、成分Bを88%含む塗料」が記載されており、かつ「成分が同様であれば粘度も同程度になる」ということが技術常識であるならば、前述の「その1」と同様に、補正を行う必要があるでしょう。

●「進歩性なし」の拒絶理由通知書への対応策（その1）

【本発明における請求項1の発明の内容】
成分Aを5～20%含む塗料を塗布した鋼板。

【特許出願した明細書に記載の内容】
塗料は成分Aを5～20%含むが、この含有率は15～18%であることが好ましい。

【拒絶理由通知書の内容】
引用文献１には、塗料を塗布した鋼板が記載されている。また、塗料は成分Ａを含んでもよい旨も記載されている。 また、引用文献２には、成分Ａを１０％含む塗料が記載されている。 そうすると、成分Ａを１０％程度含む塗料は公知であるといえ、引用文献１に記載の発明において、成分Ａの含有率を１０％に調整した塗料を塗布した鋼板を得ることに、格別の技術的困難性はない。 したがって、本発明に進歩性はない。

特許出願および拒絶理由通知書の内容［進歩性なし・その1］(6-9)

特許出願の内容 (特許請求の範囲、明細書の他に、願書、要約書、図面を提出)		拒絶理由通知書の内容
【書類名】特許請求の範囲	【書類名】明細書	拒絶理由通知書
【請求項1】 A成分を5～20%含む塗料を塗布した鋼板。	【0050】 …塗料は成分Aを5～20%含むが、この含有率は15～18%であることが好ましい。…	引用文献1には、塗料を塗布した鋼板が記載されている。 また、塗料は成分Aを含んでもよい旨も記載されている。 また、引用文献2には、成分Aを10%含む塗料が記載されている。………

［対応策］

①前述の「新規性なし」の場合と同様に、引用文献１と引用文献２の記載内容が、拒絶理由通知書で指摘されているとおりであるかをチェックします。そして、拒絶理由通知書での指摘が間違っている場合は、意見書においてその旨を主張します。

②引用文献１、２の内容をチェックした結果、拒絶理由通知書での指摘が正しい場合は、対応策が３通りあります。

１つ目の対応策は、前述の「新規性なし」の場合と同様の補正を行うというものです。本発明の請求項1を「成分Aを15〜18%含む塗料を塗布した鋼板」に変更（補正）し、さらに意見書において「補正したので、引用文献1および引用文献2の記載からは本発明に想到しない」と主張します。そして、この主張を審査官が受け入れれば「進歩性なし」の拒絶理由が解消して特許査定がでる可能性があります。

ただし、このような補正を行っても審査官が「成分Aを10%含む塗料を塗布してなる鋼板において成分Aを10%から15〜18%へ調整することに技術的困難性はない。」と考えれば、補正を行ったとしても拒絶理由は解消せずに、「進歩性なし」を理由として拒絶になります。

③2つ目の対応策は、引用文献1と引用文献2を組み合わせることができない理由、例えば阻害要因があることを主張するというものです。

ここで**阻害要因**とは、『引用文献1と引用文献2の両方を読んだ当業者に、「引用文献1に記載の発明と引用文献2に記載の発明を組み合わせることはできない」と思わせる何か』と考えてください。

たとえば、本件の場合であれば阻害要因として、次の（a）（b）が挙げられます。

（a）引用文献1に「塗料は成分Aを含んでもよいが、その含有率が10%程度であると非常に性能が悪くなるので、そのような塗料は用いるべきでない」と記載されている場合。

引用文献1にこのように記載されていた場合、これを読んだ当業者は、引用文献2を読んだとしても、引用文献1と引用文献2を組み合わせないはずです。つまり、引用文献1と引用文献2を組み合わせることは、上記の記載によって阻害されたと考えられます。

（b）引用文献2に、「成分Aを10%含む塗料は、アルミニウム板や銅板へ塗布して用いることができるが、鋼板に塗布してはならない」と記載されている場合。

このような場合も、同様に、引用文献1と引用文献2の両方を読んだ当業者は、これらを組み合わせないはずです。つまり、引用文献1と引用文献2を組み合わせることは、上記の記載によって阻害されたと考えられます。

　このような記載が引用文献１や引用文献２にないかを探してみて、あればこれを意見書で主張します。

④３つ目の対応策は、引用文献１または引用文献２に記載されている発明の効果と比較して、本発明の効果が**異質な効果**を有するか、または同質であるが際だって優れた効果（**同質顕著な効果**）を有し、これらが技術水準から当業者が予測することができないことを主張します。
具体的には、たとえば次のような主張が考えられます。

(a) 本発明の効果が「異常に錆びにくいこと」であるとします。通常、鋼板の表面に何らかの塗料を塗ればその鋼板は錆びにくくなりますが、本発明の特定の塗料を塗布した鋼板は、通常レベルからは考えられないくらい錆びにくい、つまり同質顕著な効果があるということを主張します。

(b) 本発明の効果が「バラの匂いがすること」であるとします。通常、鋼板の表面に何らかの塗料を塗ってもバラの匂いなどしないでしょう。引用文献１に記載の塗料を塗った鋼板もバラの匂いはしないし、引用文献２に記載の「成分Ａを10%含む塗料」、それ自体もバラの匂いはしません。しかしながら、「成分Ａを５〜20%含む塗料を塗布してなる鋼板」は不思議とバラの匂いがします。つまり異質な効果があるということを主張します。

「進歩性なし」の拒絶理由通知書への対応策（その２）

【本発明における請求項１の発明の内容】
成分Ａを５〜20%含む塗料を塗布し、厚さが10〜20mmの被膜が形成された鋼板。

【特許出願した明細書に記載の内容】
塗料は成分Ａを５〜20%含むが、この含有率は15〜18%であることが好ましい。

【拒絶理由通知書の内容】

引用文献１には、塗料を塗布した鋼板が記載されている。また、塗料は成分Ａを含んでもよい旨も記載されている。
また、引用文献２には、成分Ａを10%含む塗料が記載されている。
さらに、引用文献１には塗料を塗布してなる被膜の厚さついては記載されていないが、引用文献１に記載の発明において、塗装の被膜の厚さを最適化するのは、当業者の通常の創作能力の発揮であり、適宜設定できるものである。
そうすると、成分Ａを10%程度含む塗料は公知であり、引用文献１に記載の発明において、成分Ａの含有率を10%に調整した塗料を塗布して10〜20mm程度の被膜を形成した鋼板を得ることに、格別の技術的困難性はない。
したがって、本発明に進歩性はない。

特許出願および拒絶理由通知書の内容[進歩性なし・その2](6-10)

特許出願の内容
(特許請求の範囲、明細書の他に、願書、要約書、図面を提出)

拒絶理由通知書の内容

【書類名】特許請求の範囲

【請求項1】
A成分を5〜20%含む塗料を塗布し、厚さが10〜20mmの被膜を形成された鋼板。

【書類名】明細書

【0060】
…塗料は成分Aを5〜20%含むが、この含有率は15〜18%であることが好ましい。…

拒絶理由通知書

引用文献1には、塗料を塗布した鋼板が記載されている。
　また、塗料は成分Aを含んでもよい旨も記載されている。
　また、引用文献2には、成分Aを10%含む塗料が記載されている。………

[対応策]

前述の「その１」の場合と同様の対応策を行うことができます。

そして、それら以外に、「引用文献１に記載の発明において、塗装の被膜厚さを最適化するのは、当業者の通常の創作能力の発揮であり、適宜設定できるものである」という指摘に対する反論を行うことが考えられます。

たとえば、被膜の厚さを10〜20mmにすることは「当業者の通常の創作能力の発揮ではない」とする何らかの理由があれば、これを主張します。

また、たとえば、ここに阻害要因がないかを考えます。具体的には引用文献1に、被膜厚さを10～20mmに調整することを妨げる何らかの記載がないかを探します。

また、たとえば、被膜厚さが10～20mmであった場合に、**同質顕著な効果**や**異質な効果**があれば、これを主張します。

COLUMN 「～を含む○○」と「～からなる○○」の違いについて

特許請求の範囲に「A成分とB成分とからなる塗料」と記載されていた場合、その発明は、「A成分とB成分からなる塗料であって、それら以外の成分は含まないもの」と理解されます。

しかし、「A成分とB成分とからなる塗料」に、その他の成分が少しだけ含まれた場合、塗料としての性能が変わるでしょうか。多くの場合、変わらないでしょう。

したがって、特許請求の範囲には「A成分とB成分とを含む塗料」と記載すべきです。このように記載すれば、その他の成分が含まれる場合であっても発明の範囲内ということになります。

しかし、「A成分とB成分とを含む塗料」と記載した場合、逆に「A成分とB成分を極わずかしか含まないもの」も発明の範囲に含まれることになります。例えばA成分とB成分の各々を1%ずつ含み、その他のC成分を98%含むものも、「A成分とB成分とを含む塗料」に該当します。

そうすると、発明そのものを表現できていないことになります。

したがって、「A成分とB成分とを含む塗料」と記載した場合、「A成分とB成分との合計が何%以上か」を記載しておく必要があります。たとえば特許請求の範囲における従属項に記載しておくか、審査段階で補正できるように明細書中に記載しておくことが必要になります。

6-4 意見書と補正書を作成しよう

意見書や補正書も記載方法が決まっています。適当に書いて特許庁へ提出しても受け取ってくれない可能性があります。記載方法やフォーマットは**さらに詳しく知りたい方のために**の ☞56 を参照してください。この節では意見書と補正書の具体例を挙げますので、作成の際は参考にしてください。

実際の意見書、補正書の例

拒絶理由通知書と引用文献の内容を読んで、その対応策が決まったら意見書と補正書を作成して特許庁へ提出します。

以下では、前節の『「進歩性なし」の拒絶理由通知書への対応策（その1）』の場合において提出する意見書と補正書の具体例を示します。ここで意見書は阻害要因があるとする内容です。なお、この意見書の内容の場合、補正書の提出は必須ではないでしょう。説明の都合上、補正書を例示したと考えてください。

補正書の記載例（6-11）

整理番号:○○○ 特願 2011-987654 (Proof) 提出日:平成23年8月1日 1/E

【書類名】　手続補正書
【整理番号】　○○○
【あて先】　特許庁長官 殿
【事件の表示】
　【出願番号】　特願 2011-987654
【補正をする者】
　【識別番号】　000123456
　【氏名又は名称】　特許株式会社
【代理人】
　【識別番号】　100160864
　【弁理士】
　【氏名又は名称】　高橋 政治
【発送番号】　○○○○
【手続補正１】
　【補正対象書類名】　特許請求の範囲
　【補正対象項目名】　全文
　【補正方法】　変更
　【補正の内容】
　　【書類名】　特許請求の範囲
　　【請求項１】
　　成分Aを15～18%含む塗料を塗布した鋼板。

補正した個所に下線を引きます。

意見書の記載例（6-12）

整理番号:○○○ 特願 2011-987654 (Proof) 提出日:平成23年8月1日 1

【書類名】 意見書
【整理番号】 ○○○
【あて先】 特許庁審査官 ○○○○ 殿
【事件の表示】
　【出願番号】 特願 2011-987654
【補正をする者】
　【識別番号】 000123456
　【氏名又は名称】 特許株式会社
【代理人】
　【識別番号】 100160864
　【弁理士】
　【氏名又は名称】 高橋 政治
【発送番号】 ○○○○
【意見の内容】

第1　拒絶理由通知の内容

審査官殿は、平成○○年○月○日付の拒絶理由通知書において、特開平○○-○○○○○○号公報（引用文献1）および特開○○○○-○○○○○○号公報（引用文献2）を引用し、特許法第29条第2項に該当するため特許を受けることができないと認定されました。具体的には「引用文献1には、塗料を塗布した鋼板が記載されている。また、塗料は成分Aを含んでもよい旨も記載されている。また、引用文献2には、成分Aを10%含む塗料が記載されている。そうすると、成分Aを10%程度含む塗料は公知であるといえ、引用文献1に記載の発明において、成分Aの含有率を10%に調整した塗料を塗布してなる鋼板を得ることに、格別の技術的困難性はない。」と認定されました。

第2　補正の内容

（1）これに対し、本願出願人は本意見書と同日付けで手続補正書を提出し、特許請求の範囲に記載された発明の補正を行いました。

意見書の記載例［前ページのつづき］

整理番号:○○○ 特願 2011-987654 (Proof) 提出日:平成23年8月1日　2

以下に補正後の特許請求の範囲を記します。なお、下線部は補正箇所を示しています。

[請求項1]

成分Aを<u>15〜18%</u>含む塗料を塗布した鋼板。

(2) 上記請求項1に係る補正は、出願時明細書の[0008]、[0024]等の記載を根拠とします。

したがって、いずれも新規事項の追加には該当しません。

(3) 本願出願人は、上記補正により、拒絶理由は解消されたものと確信しております。

その理由を以下に説明します。

第3　本願発明の内容

補正後の請求項1に係る発明は、・・・・・・・・・・・・という内容の発明です。

このような発明によれば、・・・・・・・・・・・・・という効果を発揮します。特に成分Aの含有率が15〜18%であると、この効果が高まります。これは本発明の出願時の明細書の実施例の記載から明らかです。

第4　引用文献について

(1) 引用文献1の内容

引用文献1には、塗料を塗布してなる鋼板が記載されています。また、塗料は成分Aを含んでもよいと記載されています。

ただし、引用文献1の[0010]には「塗料は成分Aを含んでもよいが、その含有率が10%程度であると非常に性能が低くなるので、そのような塗料は用いるべきでない」と記載されています。

(2) 引用文献2の内容

引用文献2には、成分Aを10%含む塗料が記載されています。

意見書の記載例［前ページのつづき］

整理番号:○○○ 特願 2011-987654 (Proof) 提出日:平成23年8月1日 3/E

第5　本願発明と引用文献に記載の発明との対比

審査官殿は拒絶理由通知において「成分Aを10%程度含む塗料は公知であるといえ、引用文献1に記載の発明において、成分Aの含有率を10%に調整した塗料を塗布してなる鋼板を得ることに、格別の技術的困難性はない。」と指摘されました。

すなわち、引用文献2に記載の発明が公知であるので、これを引用文献1に記載の発明と組み合わせて、木発明に想到することは容易であると指摘されました。

しかしながら、前述のように引用文献1には「塗料は成分Aを含んでもよいが、その含有率が10%程度であると非常に性能が低くなるので、そのような塗料は用いるべきでない」と記載されています。このように記載されているため、当業者であれば、引用文献1に記載の発明と引用文献2に記載の発明を組み合わせません。つまり、このような引用文献1の記載が阻害要因となって、当業者は、引用文献1に記載の発明と引用文献2に記載の発明とを組み合わせないのです。

したがって、審査官殿の指摘は妥当ではありません。

第6　まとめ

以上から明らかなように、本願請求項1に係る発明は、上記引用文献1、2に記載された発明に基づいて、その出願前に当業者が容易に発明することができたものではないので、特許法29条2項に該当するものではありません。

したがって、本願発明を再度ご審査の上、本願発明を特許査定するとのご決定を頂くようお願い致します。

6-5 拒絶査定がきた場合の対応方法

拒絶査定は特許庁の審査における結論の１つです。拒絶査定がでると基本的には審査は終わります。しかし、特許がとれないと確定したわけではありません。まだ頑張ることができます。

拒絶査定がきても、まだ特許がとれる可能性がある

拒絶理由通知書がきて、それに対して意見書を提出したり補正書を提出したりしても審査官が拒絶するとの判断を変えなければ**拒絶査定**がなされます。つまり、特許庁で審査官が審査した結果、特許は与えられないと結論がだされたことになります。

この段階で特許をとるのをあきらめるのも１つの手段ですが、あきらめられない場合や、さらに補正すれば特許をとれると思われる場合は、特許庁へ**拒絶査定不服審判**を請求することができます。

審判は**審査**の上級審という位置づけです。裁判は地裁、高裁、最高裁というように３審制になっていますが、特許庁では２審制になっていると考えてください。また、審査は審査官が１人で行いますが、審判は３人または５人の審判官が行います。審判は審査とは判断する人が変わりますし、３人または５人で行うので、より公平な判断がなされると考えられます。審査段階ではこちらの意見が全く聞き入れられなかったのに、審判になったらあっさり認められて特許がとれることはありえます。

審判を請求する時に補正することができます。また、審判請求書に出願人の意見を記載して特許されるべきとの主張をすることができます。審判請求の時の補正と主張する意見の内容がとても重要ですので、よく考えて補正書と審判請求書をつくりましょう。

審査をやり直すこともできる

上記のように拒絶査定不服審判を請求する際は補正を行うことができますが、ここでの補正は大幅には行えず、発明の範囲を減縮する補正等しか行うことができません（☞58）。したがって、特許請求の範囲の記載を大きく変えたい場合などは、**分**

割出願を行って審査を初めからやり直すことが必要です（☞59）。

ここで気をつけたいことは分割出願を行う場合、拒絶査定不服審判を行う場合よりも特許庁へ支払う費用（印紙代）が高くなるということです。拒絶査定不服審判を請求する場合は、「49,500円+（請求項の数×5,500円）」ですが、分割出願の場合は、分割出願するための費用（14,000円）の他に、出願審査請求の費用（138,000円+（請求項の数×4,000円））が必要になります（☞60）（☞61）。

なお、ここに示した印紙代は2023年10月の時点でのものです。特許庁へ支払う印紙代は法改正により変更されます。

6-6 特許査定がでても内容に不満なら審査をやり直せる

特許庁での審査の結果、特許査定がでると特許権を得ることができます。しかし、せっかく特許査定がでたものの発明の範囲が狭すぎたり、実際に販売する製品が含まれていなかったりする場合があります。このような場合、特許権をとっても意味がないと判断するなら、もう一度、審査をやり直すことができます。

特許査定がきたがその内容に不満な場合の対応方法

審査の結果、**特許査定**がでたものの、発明の範囲が狭すぎたり、実際に販売する製品が含まれていなかったりする場合があります。もし、このような特許権をとっても意味がないと判断するなら、特許査定がでた後、30日以内に**分割出願**を行います。そして、その分割出願において再度、審査を受けます。このように分割出願することで、望みの内容の特許が得られる可能性があります。

ただし、分割出願して審査を受ければ必ず特許権が得られるわけではないことに注意が必要です。また、分割出願を行う際には出願審査請求をしなければならないので、ある程度の費用（印紙代）がかかることにも注意が必要です。

特許査定後の分割出願（6－13）

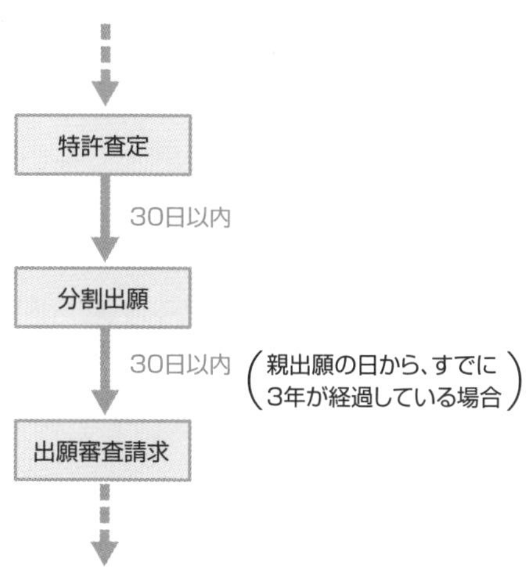

COLUMN 「および、または、もしくは、ならびに」の使い分けについて

明細書や特許請求の範囲という書類は技術文献であると同時に権利書でもありますから、正確な日本語を用いて記載しなければなりません。

ここでは「および、または、もしくは、ならびに」をどのように使い分けるかについて説明します。

初めに、「および」と「または」ですが、これらを使い分けることは簡単でしょう。「および」はANDの意味ですし、「または」はORの意味です。

また、「および」と「ならびに」は同じ意味であり、「または」と「もしくは」は同じ意味であることも、問題ないと思います。

それでは、次の4つの文章は、どのような状態を意味しているのでしょうか？

①：AもしくはBおよびC
②：AまたはBもしくはC
③：AおよびBならびにC
④：AならびにBまたはC

まず①ですが、これはAとBが同列のもので、そのいずれかとC、という意味です。数学的に書くと、(AorB) andCとなります（カッコ内を先に判断するという意味です）。つまり、「もしくは」と「および」では「もしくは」が優先されます。

②は、BとCが同列のもので、そのいずれかとAを選択するという意味です。数学的に書くと、Aor (BorC) となります。つまり、「または」と「もしくは」では「もしくは」が優先されます。

③は、AとBが同列のもので、それらとCという意味です。数学的に書くと、(AandB) andCとなります。つまり、「および」と「ならびに」では「および」が優先されます。

④は、BとCが同列のもので、そのいずれかとAという意味です。数学的に書くと、Aand (BorC) となります。つまり、「ならびに」と「または」では「または」が優先されます。

このように「および、または、もしくは、ならびに」は、明確に使い分ける必要があります。たとえば特許請求の範囲の記載において、これらを間違って使ってしまうと、意図していない別の発明を記載してしまう可能性があります。十分に気をつける必要があります。

特許出願しないブラックボックス化戦略

第１章から第６章までは、特許出願することを前提とした基礎知識や出願書類の作成方法、拒絶理由通知への対応方法等を説明してきましたが、この章では、発明について特許出願せずに、技術的営業秘密としてブラックボックス化することについて解説します。

7-1 特許出願とブラックボックス化に関する近年の潮流

従来は「発明したら全部、特許出願する」と考える方が多かったと思います。しかし、特許出願はメリットだけではなくデメリットもあるため、このデメリットを回避するために、近年では発明が完成しても特許出願せずに技術的営業秘密として社内で秘密管理する、すなわち、ブラックボックス化するという選択を行う場合があります。

用語の定義

「**ブラックボックス化**」、「**ノウハウ**」という用語の意味は曖昧で、使う人によって意味が異なっている場合があります。そこで、初めに、これらに関する用語の本書における意味、定義について説明します。

本書において「ブラックボックス化」という用語は「**ノウハウ秘匿**」という用語と同じ意味です。また、「ブラックボックス化された情報」は「ノウハウ」と同じ意味であり、さらに「**技術的営業秘密**」という用語とも同じ意味です。そして、ここで「ノウハウ」には、「技術者等の頭の中にあって管理できない情報」は含まれないとします。熟練者の匠の技術のようなものをノウハウという場合もあると思いますが、これは、典型的な「技術者等の頭の中にあって管理できない情報」に該当しますので、本書における「ノウハウ」や「技術的営業秘密」には該当しません。

各用語の意味（7-1）

- ブラックボックス化 ＝ ノウハウ秘匿
- ブラックボックス化された情報 ＝ ノウハウ ＝ 技術的営業秘密
- ノウハウ ⇒ 技術者等の頭の中にあって管理できない情報（熟練者の匠の技術など）は、含まないとする。

次に、ノウハウの位置づけについて図7-2を用いて説明します。

企業は、従業員、会社、資産等に関する様々な情報を保有していますが、その一部として、社外には秘密とする情報を保有しています。それが**営業秘密**です。そして営業秘密は、発明に代表される技術的な情報と、それ以外の情報に分類することができます。発明に代表される前者の技術的な情報が「技術的営業秘密（＝ノウハウ）」に該当します。なお、後者のそれ以外の情報には、顧客情報や経営情報のようなものが該当します。顧客名簿を社外へ持ちだして他社に売却する事件がしばしば発生していますが、これはここでいう技術的営業秘密以外の営業秘密に関するものです。

なお、図7-2に示すように、特許は営業秘密には含まれません。営業秘密は社外には公開されないものですが、特許は出願すると基本的には、その1年6月後に公開されるからです。

ノウハウの位置づけ（7-2）

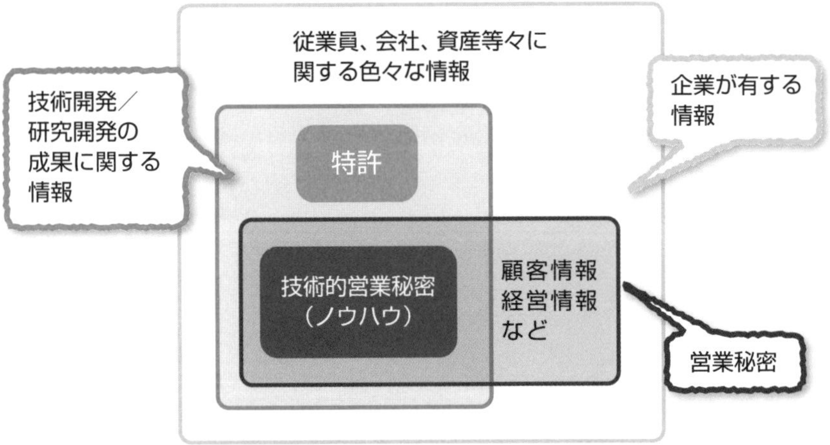

近年の傾向

以前、東芝のフラッシュメモリーや新日鐵住金の方向性電磁鋼板に関する技術漏洩事件が発生し、それが大々的に報道されました。そして、その影響もあってか、多くの企業が発明のブラックボックス化に着目し始めているようです。ブラックボックス化とは、すなわち、発明を特許出願等せずに、技術的営業秘密として社内で秘密管理することです。

そして、多くの企業が発明のブラックボックス化を検討するようになったことが少なからず影響して、近年の特許出願件数が減少していると考えられています。これについて図7-3を用いて説明します。

日本特許出願件数の推移（7-3）

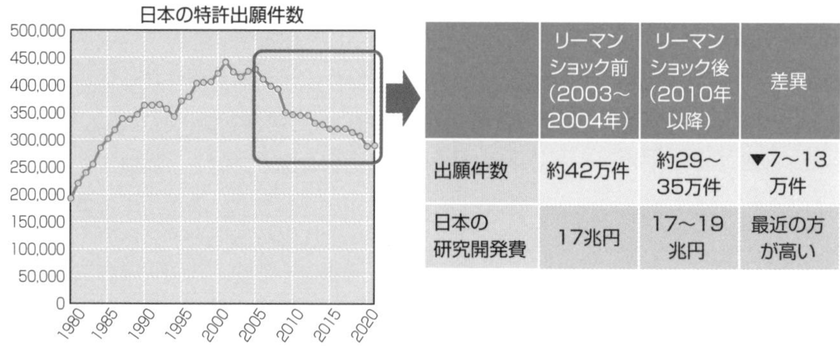

	リーマンショック前（2003～2004年）	リーマンショック後（2010年以降）	差異
出願件数	約42万件	約29～35万件	▼7～13万件
日本の研究開発費	17兆円	17～19兆円	最近の方が高い

図7-3は1980～2021年までの日本の特許出願件数を表すグラフです。その図に示すように日本の特許出願件数は1980年ごろには20万件弱でしたが、各企業が競って多量の特許出願を行った結果、1997年ごろには40万件を突破し、2001年には45万件レベルに到達しました。

その後、リーマンショックの影響から2009年に特許出願件数は35万件程度に落ち込みましたが、ここで着目すべきことは、それ以降も特許出願件数は29～35万件レベルで推移しており、全く増加していないということです。リーマンショック直後と比較した場合、近年の企業の業績は回復しているはずですし、図7-3の右側の表に示すように、実際、日本企業の研究開発費はリーマンショック前（2003～2004年）と同レベルか、むしろ増加しています。つまり、近年（2010年以降）は、特許出願件数が42万件程度であった2003～2004年よりも多くの研究開発費を投資しているにもかかわらず、特許出願件数は29～35万件程度に留まっているのです。

研究開発費と発明の件数はおおむね比例すると考えてよいと思いますので、近年は、その差である7～13万件の発明が特許出願されていないことになります。もちろん、従来と比べ近年は質の高い特許権を取得すべく、特許出願する発明を厳選する傾向があること等も影響していると思いますが、各企業が「特許出願せずに技術的営業秘密としてブラックボックス化する」との選択を行う割合が、従来と比較して増加していると考えてよいと思います。

7-2 ブラックボックス化が必要な理由

完成した発明の全てを特許出願するのではなく、場合によってはブラックボックス化を選択する必要がありますが、その理由として、①特許出願の内容は原則公開される、②全ての国で特許権を取得することは実質的に不可能、③特許権を取得したとしても国によっては権利の有効性に疑問、④特許権の存続期間が20年しかない、の４つを挙げて説明します。

４つの理由

ブラックボックス化が必要な理由を一言でいえば「発明の保護・利用という観点で、特許制度は完璧ではないから」ということになると思います。この理由について具体的に説明します。

①特許出願の内容は原則公開される

第１章などで説明したように、特許出願すると原則として出願日から１年６カ月経過後にその発明の内容が公開されます。その内容はインターネット上で公開されるので、全世界中の誰でも簡単に無料で閲覧することができます。その後、特許権が成立する場合もありますが、成立しない場合、出願人以外の者が閲覧して得た情報を利用することは自由であり、その改良発明を行うことも自由です。他国（アジア諸国等）では日本の公開公報を懸命に読み込み、製品開発に活かしているとも言われています。

これを回避するために、特許出願せずにブラックボックス化することが有効な手段となります。

特許出願の内容は原則公開、特許権不成立なら誰でも実施可（7-4）

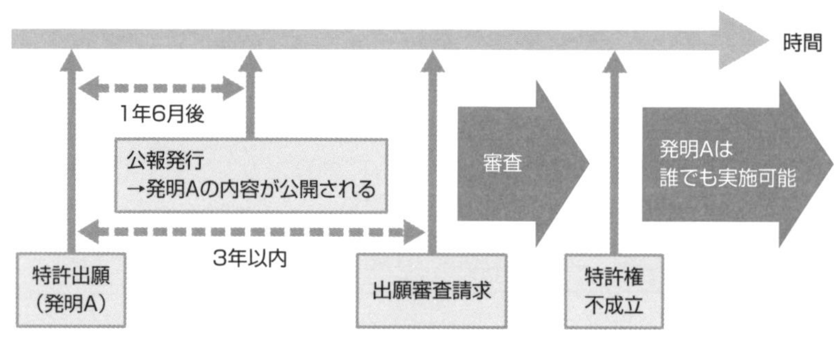

②全ての国で特許権を取得することは実質的に不可能

特許権の効力は、その特許権が成立した国内でのみ発揮されます。よって、例えば日本で特許権を取得していても、同じ発明について中国で特許権を取得していなければ、中国で特許権者以外の者がその発明を実施することは自由です。そこで、できるだけ多くの国で特許権を取得することが必要になりますが、コストとの兼ね合いで、その国の数には限界があります。現実的には、数カ国から多くても10カ国程度に限定して特許権取得を試みることが限度でしょう。それを超えると、数百万円では収まらないコストがかかってしまうからです。したがって、仮に10カ国にて特許権が取得できたとしても、その他の多くの国においてその発明を実施することは全くの自由ということになります。

他の国での実施は自由（7-5）

時間
1年6月後
公報発行
→発明Aの内容が公開される
3年以内
審査
日本以外で
発明Aは誰でも
実施可能
特許出願
（発明A）
出願審査請求
日本で
特許権が成立

③特許権を取得したとしても、国によっては権利の有効性に疑問

日本で特許権を取得すれば、権利者はその発明についての独占排他権を有することになりますから、例えば、他者がその発明を勝手に実施している場合、その特許権者は、その実施を差し止めたり、損害賠償を請求したりすることができます。そして、その差止や損害賠償請求の実行を、当然に、日本の裁判所が助けてくれます。

しかし、これは日本だから当然なのであって、国によっては当然ともいえなくなります。特許法は一応存在しているけれど法律が有効に機能していない国の場合、上記の差止や損害賠償請求がうまく進むはずはなく、裁判所も助けてくれないでしょう。また、例えば裁判所の裁判官が簡単に買収されるような国があったとした場合、その国では裁判所が助けてくれないのは明らかです。

④特許権の存続期間が20年しかない

日本を含め、ほとんどの国では、特許権の存続期間は出願日から20年後までとなっています。よって、その発明について特許権の存続期間が満了した日以降について実施することは、誰でも自由です。

これに関連して、次のような報告もあります（参考文献（7）（9）参照）。図7-6を用いて説明します。

図7-6は、年代と製品スペックおよび市場のシェアとの関係を示す図です。あるときに基本特許を出願し、その改良特許を出願した場合、各々、出願日の20年後には特許権の存続期間が満了します。そして、基本特許の存続期間が終了し、改良特許の存続期間も徐々に終了していくと、図7-6に示すように、満了特許のみを用いて製造できる製品スペックが上昇していきます。そして、これが市場の要求する製品スペックに達すると、その市場が要求するスペックを備えている製品を、誰でも製造販売が可能になります。そうすると市場シェアは急落する、という結果に至ります。

特許権の存続期間は20年しかない（7-6）

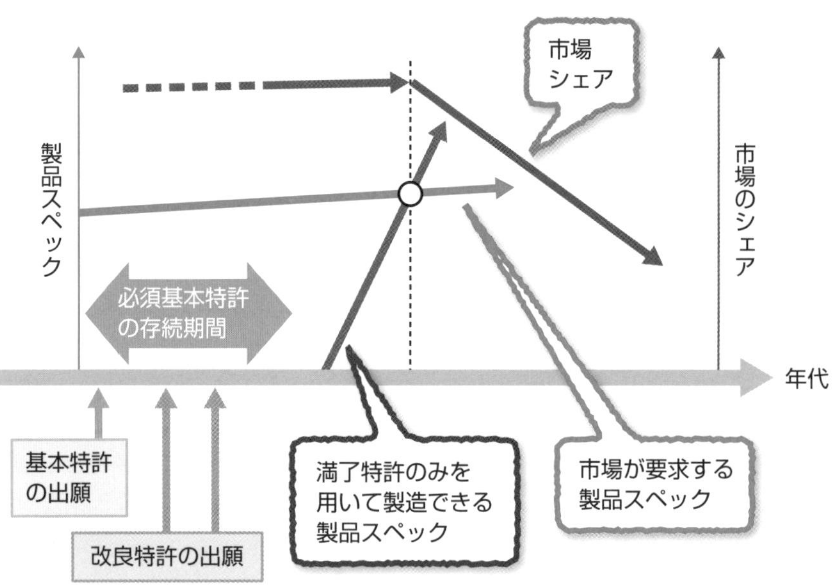

研究開発・技術開発の成果の扱い方

このように特許制度は完璧ではないため、特許権を取得しさえすれば発明の保護・利用が完璧に保障されるということにはなりません。そこで、特許出願とブラックボックス化の選択という考え方が着目されています。以下ではこの考え方について説明したいのですが、それを理解するための前提の知識として、技術開発・研究開発の成果の処理方法、選択肢について確認します。

技術開発・研究開発の成果の処理方法、選択肢

技術開発・研究開発の成果をどのように処理するか、その選択肢は、図7-7に示すように、①ブラックボックス化（ノウハウ秘匿）、②特許出願、③公開、④放置の4つです。以下に各々について説明します。

技術開発・研究開発の成果の処理方法、選択肢（7-7）

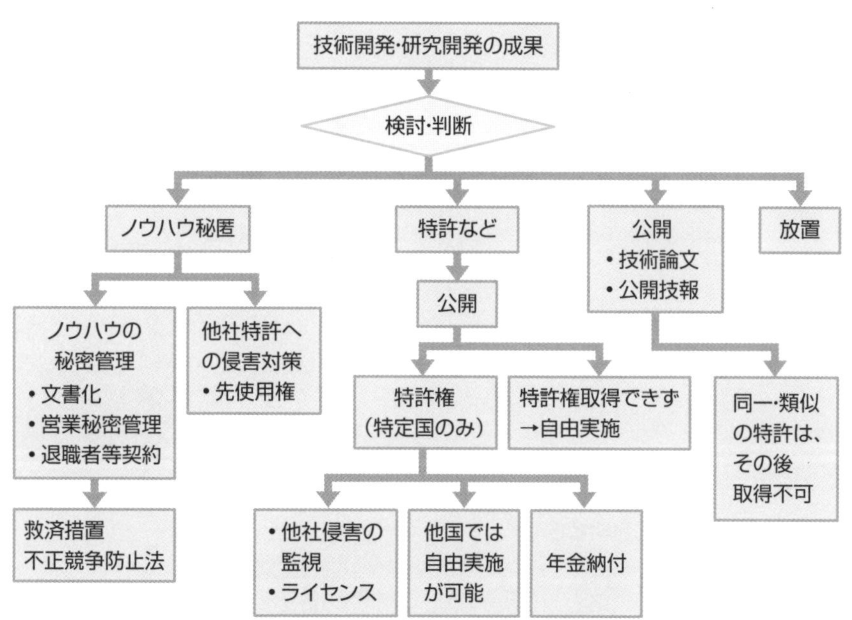

①ブラックボックス化（ノウハウ秘匿）

前述のように、ブラックボックス化のことを「ノウハウ秘匿」ともいいます。また、ここでいう「ノウハウ」は、「文書化された秘密の技術情報」と定義されます。よって、技術開発や研究開発の成果について「これは営業秘密にしよう」と決め、文書としたものが「ノウハウ」ということになります。

技術開発・研究開発の成果をそのような意味のノウハウとして秘匿すると判断した場合、図7-7に示すように、ノウハウを営業秘密情報として管理する必要があります。「営業秘密として管理する」とは、例えば情報へのアクセス制限を行ったり、営業秘密であることを従業員に周知して漏洩させないようにしたり、退職者と漏洩しないように契約を結んだりすることです。

また、ノウハウが漏洩してしまった場合、不正競争防止法によって救済される場合がありますが、ここで重要なことは、救済されるには一定条件を満たしている必要があって、すべての場合に救済されるわけではないということです。

さらに、技術開発、研究開発の成果をノウハウとして秘匿しようと判断した場合、図7-7に示すように他社への侵害対策を行う必要があります。ノウハウは公知にならないため、同じ内容の発明について競合他社が後から特許権を取得してしまう可

先使用権とは（7-8）

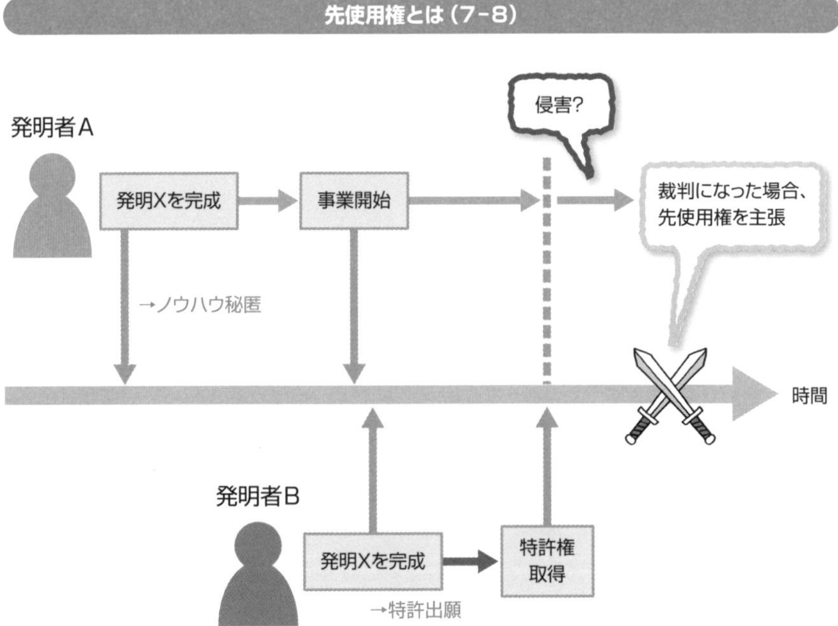

能性があるからです。この場合、自社は先に開発していたとしても後から開発して特許権を取得した競合他社の特許権を侵害することになります。この場合、**先使用権**等を主張して自社の継続実施を確保することを試みることになります（本書の3-13、図7-8を参照）。よって、ブラックボックス化することに決めた場合は、後で先使用権を主張できるように、あらかじめ対策を立てておくことが必要となります。

②特許出願

技術開発や研究開発の成果について特許出願すると判断した場合に重要なことは、前述のように、①特許出願の内容は原則公開される、②全ての国で特許権を取得することは実質的には不可能、③特許権を取得したとしても国によっては権利の有効性に疑問、④特許権の存続期間が20年しかないことです。

また、特許権取得後は、他社が自社の特許権を侵害していないかを監視したり、侵害している場合はライセンス契約を行ったりします。特許権を維持するためには、忘れずに特許庁へ年金を支払うことも必要です。

③公開

技術開発や研究開発の成果について意図的に公開するという選択を行う場合があります。これは主にノウハウ秘匿する必要はなく、特許権も不要だが、他社に特許権を取られたくない場合が該当します。このような場合、意図的に発明の内容を公開してしまえば、自社は特許権がとれなくなりますが、他社も取れなくなりますから「他社に特許権を取られない」という目的を達成できるわけです。

主な公開方法としては、学術論文の投稿が挙げられます。ただし、この場合、投稿してから公開されるまでに数カ月から1年程度かかるのが通常です。したがって、この間に競合他社に特許出願され、特許権を取得されてしまう危険性があります。そこで公開方法として、**公開技報**を利用する会社が増加しているようです。公開技報は一般社団法人発明推進協会が手掛けているもので、安価に発明内容をウェブ上に公開させることができます。また、即日、公開させることもできます。さらに、公開技報は製本化されて、国会図書館などに納品され、特許庁において審査・審判資料として利用されます。

よって他社に特許権を取られないようにする、という目的を達成することだけが必要な場合は、公開技報を利用すると良いと思います。一方、発明者によっては（おそらく発明者の多くは)、自身が完成させた発明について公開技報で公開させてしまうよりも学術論文や特許にまとめたい、という希望をもつ場合もあると思います。したがって、発明することのインセンティブを担保する、ということを重視する場合は、公開技報ではなく学術論文としてまとめて公開することを選択した方が良いと思います。

④放置

最後に、技術開発や研究開発の成果について放置するという選択を行う場合についてです。これはノウハウ秘匿する必要はなく、特許権も不要であり、さらに特許性が絶対にないから他社に特許権を取られることもないという場合です。このようなケースは多くはないと思われますし、逆に、このような発明が多いならば、企業の研究開発が不適切ということになると思います。

7-4 ブラックボックス化と特許出願のメリット・デメリット

ブラックボックス化（ノウハウ）、特許、公開技報、放置の４つの選択肢における特徴を比較して説明します。理解しやすいように、筆者の私見に基づいて多少強引に値（相対値）を示して比較しています。

相対値による比較

表7-9を用いて、ブラックボックス化（ノウハウ）、特許、公開技報、放置の４つの選択肢における特徴を比較して説明します。表7-9では、すべての項目について特許を100とした相対値を示しています。

４つの選択肢における特徴比較（7-9）

	ノウハウ	**特許**	公開技報	放置
開発成果の技術レベル	100	**100**	10	1
他社が知る可能性	10	**100**	100	100
費用（コスト）	50～200	**100**	10	0
市場独占性	50～200	**100**	0	0
自社実施確保の可能性	50	**100**	100	100
他社実施の積極的な排除	0	**100**	0	0
他社の特許取得の排除	0	**100**	100	100
リターン（ライセンス等）	50	**100**	0	0

表7-9を上から下へ順に説明します。

[開発成果の技術レベル]

開発成果の技術レベルについては、ノウハウと特許は同等と思います。これに対して公開技報で公開する発明と放置する発明は、これよりもはるかに低い技術レベルであることが通常と思います。

[他社が知る可能性]

他社がその発明の内容を知る可能性については、ノウハウの場合は特許の場合と比較してかなり低いと思います。これに対して公開技報の場合は特許と同レベルでしょう。

[費用]

費用（コスト）については、ノウハウとする場合、どのように秘匿するか、どれくらい厳密に秘密管理するかの程度によって大きく変わってきます。まれに「特許出願する費用がもったいないからノウハウ秘匿する」という方がいますが、ノウハウ秘匿の場合のほうが特許出願する場合より費用が高くなるケースは多々あります。

公開技報で公開する場合の費用は安く、おおむね特許出願する場合の1割程度と思います。

[市場独占性]

市場独占性については、ノウハウ秘匿の場合、厳密に秘密管理すれば特許出願する場合よりも市場独占性は高いはずです。一方、秘密管理が甘い場合は、市場独占性は低くなります。

特許出願の場合は、特許権が取れなかった国では独占性は担保できず、権利期間が出願から20年に限られますが、ノウハウの場合は、世界中で、ほぼ永遠に独占できる可能性が、理論的にはありえます。しかし、コカ・コーラのように長期に独占できるケースは極めてまれだと思います。秘密情報は少しずつ漏洩するのが通常だからです。また、漏洩しなかったとしても、競合他社がより高いレベルの技術を開発すれば、自社のノウハウの価値は失われますので、この場合は秘密管理することに意味がなくなります。

[自社実施確保の可能性]

自社実施確保の可能性については、ノウハウは特許の場合よりもやや劣ると思います。これは他社が同じ発明について特許権を取得する可能性があり、その場合に先使用権を主張しても認められない可能性があるからです。なお、公開技報で発明を公開する場合や放置の場合は、自社実施は可能と考えてよいと思います。

[他社実施の積極的な排除]

他社実施の積極的な排除ですが、ノウハウの場合はノウハウが不正の手段で漏洩して他社が実施している場合に、ノウハウが不正競争防止法における営業秘密と認定されれば不正競争防止法に基づいて差止請求し、他社の実施を積極的に排除することができます。しかし、それ以外の場合は他社の実施を積極的に排除することはできません。例えば、ノウハウについて同内容の発明を他社が自力で開発して実施している場合は、これを差し止めることができません。また、例えば不正の手段で漏洩して他社が実施しているけれど自社のノウハウ秘密管理方法が悪いと、不正競争防止法における営業秘密に認定されないため、同様に差し止めることはできません。

これに対して特許権を取得した場合、原則的には他社実施を差止請求することができます。

[他社実施の特許取得の排除]

他社の特許権取得の排除について、ノウハウとした場合は他社の特許権取得を妨害して権利化を防止することはできません。

これに対して、特許出願の場合は自社が特許を取ってしまえば発明内容が公開されるため、その後、他社は同じ発明について他国であっても特許権は取得できません。

[リターン]

リターン、すなわちライセンス料を取るような場合について、ノウハウをライセンスすることは可能ですが、特許と比較すると難しいと言われています。ノウハウは秘密にして公開しないことを前提としていますが、ライセンスする場合、秘密事項を公開することが必要になるからです。ノウハウをライセンスする場合はその秘密保持契約等を慎重に行う必要があります。

7-5 ブラックボックス化と特許出願の選択基準

ブラックボックス化（ノウハウ秘匿）する場合も特許出願する場合もメリットとデメリットがあるので、その発明ごとにいずれを選択するか（それとも公開や放置を選択するか）を検討する必要があります。その選択基準はいくつか考えられますが、本書では主なものとして３つの観点を挙げて説明します。詳しくは参考文献（7）を参照して下さい。

「製造方法の発明か、物の発明か」の観点

ブラックボックス化するか、特許出願するかの主な選択基準として「製造方法の発明か、物の発明か」という選択基準が挙げられます。

この選択基準は、つまり、製造方法の発明は他社の侵害行為を見つけにくいため、特許出願せずに技術的営業秘密としてブラックボックス化（ノウハウ秘匿）するべきという考え方に基づいています。

「自社はその市場で先発か、後発か」の観点

例えば自社がその市場で先発の場合、特許出願することで後発の会社に技術開発のヒントを与えてしまう可能性があります。具体的には、例えば後発の競合他社が自社と同レベルの製品を開発できるまでに、あと４年かかると予測される場合、自社が特許出願してしまうとその発明の内容が出願日から１年６月経過後に公開されますので、それを見た競合他社が４年後ではなく３年後とかに、自社の技術レベルに追い付いてしまって、その後、さらにそのレベルを超える技術を開発してしまう可能性があります。

このような場合は特許出願せずにノウハウとして秘匿しておき、例えば2、３年後に、そろそろ競合他社が技術開発に追いついて来たようだと思った時期を見計らって特許出願するという戦略が妥当と思います。

逆に、例えば、自社がその市場で後発の場合、先発の競合他社の特許権がいくつかあるでしょうから、これを侵害してしまったときに**クロスライセンス**に持ち込んで市場撤退を回避するために、なるべくたくさんの特許権を取得しておいた方が良

いとも考えられます。

自社がその市場で後発の場合（7-10）

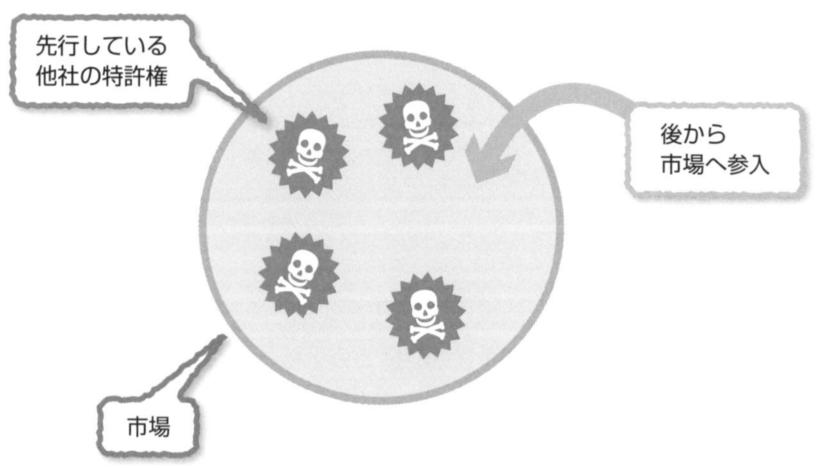

「コア技術か、周辺技術か」の観点

コア技術についてはノウハウとして秘匿し、**周辺技術**については積極的に特許出願して公開していくという戦略を取る企業があります。

例えば、ある会社（自社）が「組成に特徴がある合金を効率的に製造する方法」および「その合金を用いた製品」を発明したとします。また、ここでその合金は、その製造方法でしか効率的に製造できないとします。

この状態において「組成に特徴がある合金を効率的に製造する方法」をノウハウとして秘匿し、「その合金を用いた製品」を公開したとします。

そうすると、後から他社が「非効率な製造方法」で「その合金を用いた製品」を製造したとしても高コストになります。よって、「その合金を用いた製品」を製造したい者は、原料（合金）を自社から購入せざるを得ない状況になります。自社は「組成に特徴がある合金を効率的に製造する方法」をノウハウとして秘匿し、「その合金を用いた製品」を公開することで、自社が利益を得る構造を作り出すことに成功したことになります。

コア技術か、周辺技術か（7-11）

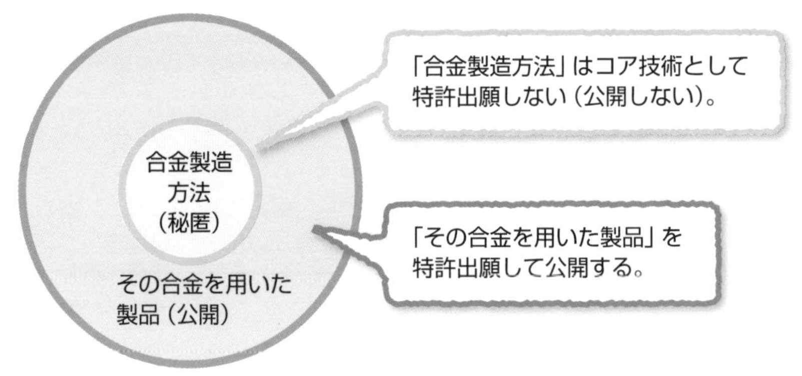

判断システム（社内体制）の構築

例えば、自社が先発の市場において物の発明が完成した場合に「侵害行為を見つけやすい」という点を重視すれば、積極的に特許出願していくという判断になると思います。しかし、「競合他社へ技術開発のヒントを与えたくない」という点を重視するならば、逆に、特許出願せずにノウハウとして秘匿するという判断になるでしょう。

また、例えば製造方法の発明が完成した場合に「他社の侵害行為を見つけにくい」という点を重視するならば、特許出願せずにノウハウとして秘匿するという判断になるでしょうが、自社が後発の市場において製造方法の発明を完成した場合であれば、特許出願して特許権を取得し、先発の会社に対抗するための武器を持つべきとも考えられます。

このように技術開発、研究開発の成果である発明を特許出願するか、営業秘密としてブラックボックス化（ノウハウ秘匿）するかの選択は、結局のところ、画一的に定まるものではなく、「会社としてどのような観点を重要視するか」によって決まるものです。すなわち、経営判断の1つといえます。また、適切な選択を行えば自社に莫大な利益をもたらす可能性があり、逆に、その選択を間違えば、単に競合他社へ自社技術を公開してしまうだけになりかねない極めて難しい事項です。

社内の多くの方が関わって協力して、例えば図7-12に示すような判断システム（社内体制）を構築することが重要と考えます。

ブラックボックス化／特許出願の判断システム（社内体制）の例（7-12）

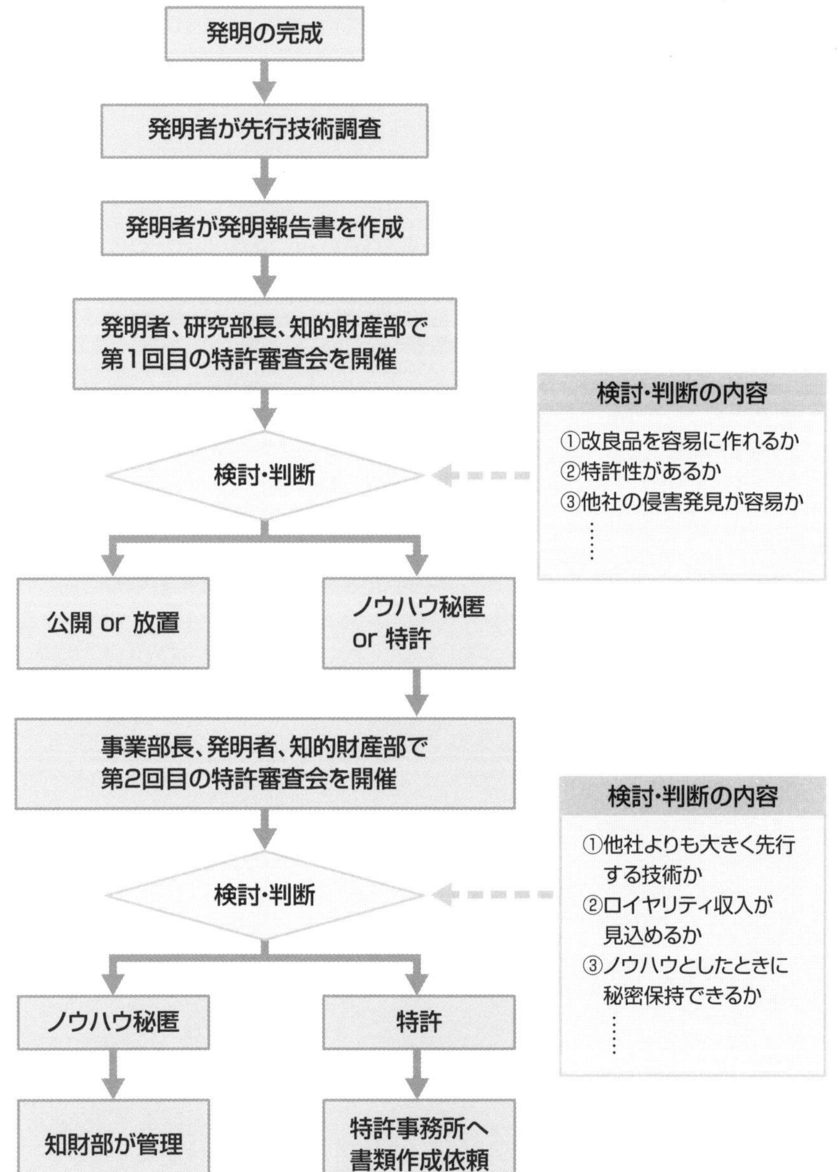

COLUMN POSCOへ営業秘密を漏洩した元従業員を新日鉄が訴え続けた理由

新日鉄（現、日本製鉄（株））は2012年4月に方向性電磁鋼板の営業秘密の不正取得、不正使用等を理由に韓国のPOSCOを訴えたものの、2015年9月にはPOSCOと和解して訴訟を取り下げました。和解金は300億円とのことです。

しかし、新日鉄はその営業秘密をPOSCOへ洩らした元従業員に対する訴訟は取り下げませんでした。そして、約10人の元従業員に対して責任を追及し続けた結果、2016年末には全員が責任を認めて会社に謝罪し、和解金を支払うに至りました。

ここで約10人の元従業員のうち、最も高い和解金を払った人は1億円超ということですが、この金額は新日鉄にとって十分に高い金額ではありません。払う側の個人からすると大金ですが、新日鉄という大企業にとって数億円は大きい額ではありません。当然、方向性電磁鋼板の営業秘密が漏洩したことによる損失を埋めることができる金額でもありません。

したがって、元従業員への責任追及をやめなかった理由は、和解金を引き出すためではないと考えられます。

おそらくですが、新日鉄の営業秘密を漏洩させた場合、新日鉄は徹底的に責任を追及するし、1億円以上を払わせることもあるぞ、という姿勢を従業員に見せることで、今後、同様の事件が発生しないようにするためだと思います。

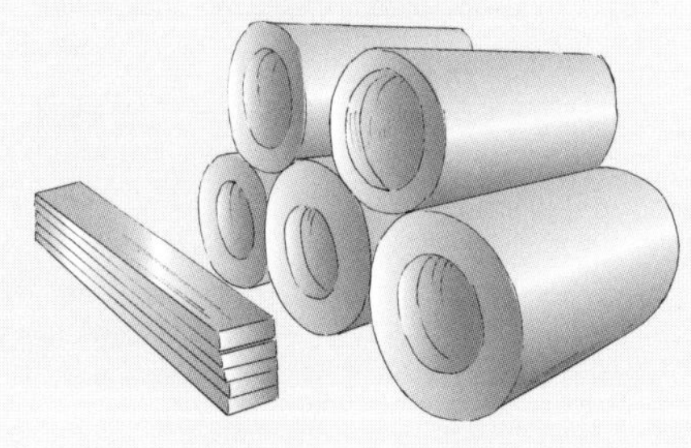

さらに詳しく知りたい方のために

技術者・研究者の方は本文を読んで理解して頂ければ、特許に関する仕事を行ううえで必要な知識のすべてが得られるはずです。したがって、「さらに詳しく知りたい方のために」は、必要に応じて参照する程度に留めることをお勧めいたします。

(☞1)特許制度の目的について

特許制度の目的は、簡単にいうと発明を奨励することで産業を発達させることにあります。これに関して参考文献(1)、第1条[趣旨]には、次のように記載されています。「特許制度は、新しい技術を公開した者(特許法的にいえば産業上利用することができる発明について特許出願をした者)に対し、その代償として一定の期間、一定の条件の下に特許権という独占的な権利を付与し、他方、第三者に対してはこの公開された発明を利用する機会を与える(特許権の存続期間中においては権利者の許諾を得ることにより、また存続期間の経過後においては全く自由に)ものである。このように権利を付与された者と、その権利の制約を受ける第三者の利用との間に調和を求めつつ技術の進歩を図り、産業の発達に寄与していくものにほかならない。」

特許制度の目的

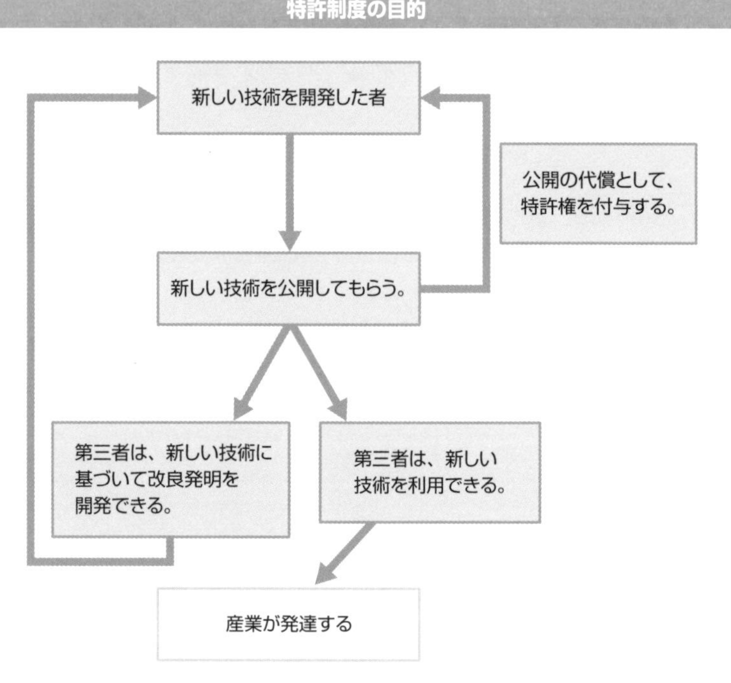

(☞2) 特許と車について、その他の違い

特許は実体がないからこそ、全く同じ発明を同時に複数の者へ貸す（ライセンスする）ことができます。これに対して車には実体がありますので、これが不可能です。この点も違いといえます。

(☞3) 特許権の存続期間

特許権の存続期間は、特許権が登録された日から始まり、最長でも、特許出願日から数えて20年後の日に終わります。したがって、特許出願した日から3年後に登録された特許権は、（無効等にならなければ）最長で17年間存続させることができますが、特許出願した日から10年後に登録された特許権は、最長でも10年間しか存続させることができません。なお、特許権の存続期間は5年を限度として延長させることができる場合があります（第67条第2項）。

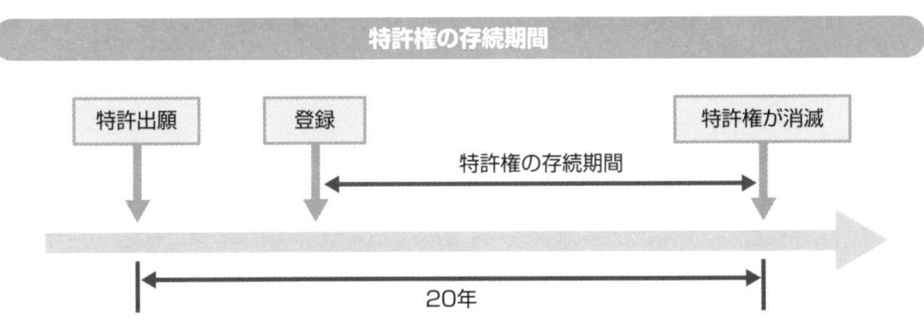

(☞4) 特許法以外の方法

特許法に基づいてやめさせることはできませんが、不正競争防止法に基づいてやめさせることができる場合があります（たとえば不正競争防止法第2条第1項第3号を参照）。

(☞5) 自社も実施できなくなる場合

もちろん、自社の特許出願よりも先に別の競合他社が同一発明について特許出願していて特許権をとってしまったら、その後に特許出願した自社は（その後に出願した競合他社も）特許をとれず、かつ実施することもできません。したがって、特許出願する場合は、出願前に先行技術調査を行って、同じ発明について他社が先に特許出願しているか、それは特許権がとれているかを調べるべきです。先行技術調査の方法は第4章で説明します。

他社が先に特許出願していた場合

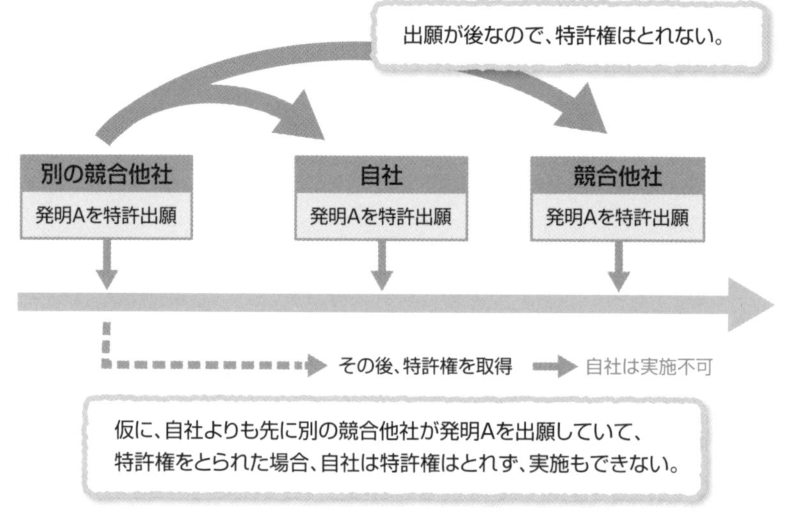

(☞6)職務発明における相当の利益について

厳密には、「職務発明をした場合に発明者が会社や研究機関から相当の利益を得る権利」は、「給料以外に報奨金をもらう権利」とは限りません(第35条)。しかし、非常に多くの会社や研究機関が職務発明に対する発明報奨金として給料以外のお金を支払っていることから、技術者・研究者の方は、おおむねこのように考えてよいと思います。

(☞7)出願公開の時期

特許出願の種類によっては1年6月を経過する前に公開されます。たとえば**国内優先権主張出願**の場合は、基礎出願の日から1年6月経過後に公開されます(第17条の3)。また、出願公開請求を行えば1年6月が経過する前に、その内容を公開させることができます(第64条の2)。

一方、**分割出願**を行った際に、すでに親出願を行った日から1年6月が経過している場合は、分割出願を行った後、すみやかに出願公開されることになります。出願公開についてさらに詳しく知りたい方は、参考文献(1)の第64条の解説を参照してください。

なお、特許法において「特許出願の日から1年6月」というような期間を計算する場合、期間の初日は算入しません(第3条)。また、場合によって期間は延長されます(第4条、第5条)。

(☞8) 出願審査請求の期限

通常の特許出願の場合、出願審査請求は特許出願の日から3年以内に行えばよいのですが（第48条の3第1項、第4項）、特殊な出願の場合はもっと早く行わなければならないことがあります。たとえば分割出願、変更出願、実用新案登録に基づく特許出願を行ったときに、すでに親出願の日から3年が経過していた場合、実際の出願の日から30日以内に出願審査請求を行う必要があります（第48条の3第2項）。

なお、厳密には、出願審査請求は「特許庁」ではなく、「特許庁長官」へ行うものです（第48条の3第1項）。

(☞9) 特許庁へ支払う費用について

出願審査請求に限らず、特許庁に対する手続において支払う費用（印紙代）は、随時変更されます。特許庁のホームページから調べることができますので、必要に応じて参照してください。なお、2023年10月の時点において、出願審査請求のためには「138,000円＋（請求項の数×4,000円）」の費用が必要となります（ただし例外もあります）。たとえば、請求項の数が8個であった場合、出願審査請求を行う際には、138,000円＋32,000円＝170,000円を特許庁へ支払う必要があります。

(☞10) ファーストアクション期間

特許庁から公開されている統計データ（https://www.jpo.go.jp/resources/report/nenji/2022/index.html）によると、出願審査請求を行ってから特許庁からの初めの応答（特許査定または拒絶理由通知）が来るまでの期間（**ファーストアクション期間**といいます）は、特許の場合、2019年で9.5か月、2020年で10.1か月、2021年で10.1か月でした（いずれも平均値）。この期間をさらに早めるための手段として**早期審査制度**があります。早期審査制度については第3章で説明します。

(☞11) 補正の範囲について

正確には、特許請求の範囲の他にも、明細書や図面等の他の書類についても補正することができます。また、拒絶理由の内容が妥当か否かに関わらず、拒絶理由通知がきた場合は補正することができます。詳しく知りたい方は、参考文献（1）の第50条の解説、第17条の2第1項の解説を参照してください。

また、拒絶理由通知が「最初」のものか「最後」のものかによって、補正できる範囲が異なってきます。詳しく知りたい方は参考文献（1）の第17条の2第3項〜第6項の解説等を参照してください。なお、拒絶理由通知が最後である場合、拒絶理由通知書にはその旨が記載されることになっており、逆に、最後である旨が記載されていなければ、最初のものとして扱われます。拒絶理由通知が最初のものであるか、最後のものであるかによって補正できる範囲が大きく異なりますので、拒絶理由通知書に「最後」である旨が記載されているか否かはチェックすべきです。

(☞12) 前置審査について

たとえば、拒絶査定がなされた特許出願の一部の請求項について特許が認められていた場合に、拒絶査定不服審判の請求と同時に、特許が認められていない請求項を削除する補正を行うと、通常、前置審査においてすぐに特許が認められて特許査定がでます。この場合、拒絶査定不服審判は始まらないことになります。前置審査について詳しく知りたい方は、参考文献（1）の第162条の解説を参照してください。

(☞13) 知的財産権活用事例

知的財産権の活用に関する様々な資料を特許庁のホームページからダウンロードできます。⇒https://www.jpo.go.jp/support/example/index.html

(☞14) 特許料の追納

特許料を納付し忘れても一定の期間内であれば**追納**することで、特許権の消滅を免れることができます。ただし割増料金が必要になります。詳しく知りたい方は、参考文献（1）の第112条、第112条の2の解説を参照してください。

(☞15) 審査官による特許性の判断

正確にいうと、特許庁の審査官が拒絶理由がないと認定したものだけに特許権が与えられます（第49条）。

(☞16) 特許異議申立て

平成27年4月1日以降に特許掲載公報が発行された特許については、特許無効審判に加え、特許掲載公報発行日から6月以内であれば、特許異議申し立ても可能です。

(☞17) 審判する人

特許庁では、審査は**審査官**が1人で行い、審判は**審判官**が3人または5人の**合議体**を形成して行います（第136条）。

(☞18) 特許権の消滅について

正確にいうと、特許権は消滅するのではなく、初めから存在しなかったものとみなされます（例外もあります）。詳しくは参考文献（1）の第125条の解説を参照してください。

(☞19) 間接侵害について

ここに示したのは間接侵害の一例です。他にも間接侵害に該当する場合があります。詳しく知りたい方は、参考文献（1）の第101条の解説を参照してください。

(☞20) ここに挙げた均等侵害の具体例について

念のためですが、ここに挙げた具体例は、均等侵害について極簡単に説明するために著者が考え出した架空のものであって、成分濃度が0.1％だけ外れている場合に必ず均等侵害となるわけではありません。

第2章　どのような発明であれば特許をとれるのか？

(☞21) 第49条の特許要件

特許法では**拒絶理由**として、第49条に特許要件が列挙されています。また、第49条には、各号に列挙した拒絶理由の「いずれかに該当するときには、その特許出願について拒絶をすべき旨の査定をしなければならない」と規定されており、第51条において「特許出願について拒絶の理由を発見しないときは、特許をすべき旨の査定をしなければならない」と規定されています。つまり、特許法では、特許性を有する発明に特許権を与えるのではなく、拒絶理由が発見されない発明について特許権を与えるという構成になっています。

(☞22) 発明の定義

特許法では第2条第1項において「この法律で「発明」とは、自然法則を利用した技術的思想の創作のうち高度のものをいう」と発明の定義が規定されています。しかし、この規定における自然法則には何が含まれるか、利用とはどんな利用か、技術的思想とはどんな技術のどんな思想か、創作とは何かなどについては定義されていません。したがって、特許法を読んだだけでは、発明が何かを完全には理解できません。

「発明とは何か？」を厳密に理解するのは意外と難しいのです。

(☞23) 公然実施について

道路の工事をやると「公然実施された」ということになります（第29条第1項第2号）。ここで**公然実施**は、公然知られる状況または公然知られるおそれのある状況での実施を意味します。詳しく知りたい方は参考文献（4）の第Ⅲ部第2章「新規性・進歩性」などを参照してください。

(☞24) 新規性喪失と守秘義務

厳密には、プレゼンテーションしたお客様に**守秘義務**がある場合、新規性はなくなりません。

(☞25) 新規性の判断方法

特許庁の審査官は、原則として、参考文献（4）の第Ⅲ部第2章「新規性・進歩性」に記載されているとおりに新規性の有無を判断します。

(☞26) 進歩性の判断方法

進歩性の判断方法について、参考文献（4）の第Ⅲ部第2章には、先行技術に基づいて、当業者が請求項に係る発明を容易に想到できたことの論理の構築（論理付け）ができるか否かを検討することにより行うと記載されています。

また、論理づけは、本発明が引用発明からの最適材料の選択あるいは設計変更や単なる寄せ集めに該当するかどうか検討したり、あるいは、引用発明の内容に動機づけとなり得る記載があるかを検討したりして行う旨が記載されています。

しかしながら、**論理づけ**や**動機づけ**の意味するところを理解するのは相当な労力が必要になります。

(☞27) 実施可能要件について

詳しく知りたい方は、参考文献（4）の第Ⅱ部第1章を参照してください。

(☞28) ノウハウについて

詳しく知りたい方は第7章や参考文献（7）などを参照してください。

(☞29) サポート要件

第36条第6項第1号の規定に違反することになります。この要件は**サポート要件**ともいわれます。つまり「特許請求の範囲に記載された発明は、明細書でサポートされていなければならない」ということです。詳しくは参考文献（4）の第Ⅱ部第２章第２節を参照してください。

（☞30）明確性について

第36条第６項第２号には、特許を受けようとする発明が明確であることが必要である旨が記載されています。あいまいな言葉を用いるとこの規定に違反することになります。詳しくは参考文献（4）の第Ⅱ部第２章第３節を参照してください。

（☞31）請求項の書き方の決まり

第36条第６項第４号に、特許請求の範囲の記載が経済産業省令で定められるところにより記載されていなければならない旨が記載されています。そして、その経済産業省令で定める内容が特許法施行規則第24条の３に規定されています。その内容は次の通りです。

特許法施行規則第24条の３

特許法第36条第６項第４号の経済産業省令で定めるところによる特許請求の範囲の記載は、次の各号に定めるとおりとする。

１号　請求項ごとに行を改め、一の番号を付して記載しなければならない。

２号　請求項を付す番号は、記載する順序により連続番号としなければならない。

３号　請求項の記載における他の請求項の引用は、その請求項に付した番号によりしなければならない。

４号　他の請求項を引用して請求項を記載するときは、その請求項は、引用する請求項より前に記載してはならない。

５号　他の二以上の請求項の記載を択一的に引用して請求項を記載するときは、引用する請求項は、他の二以上の請求項の記載を択一的に引用してはならない。

(☞32)新規性喪失の例外の適用を受ける場合の手続きについて

第30条第3項には、新規性喪失の例外を受けようとする者は、「その旨を記載した書面」を特許出願と同時に特許庁長官へ提出し、かつ、新規性喪失の例外を受けることができる発明であることを「証明する書面」を特許出願の日から30日以内に特許庁長官へ提出しなければならないと規定されています。

ここで「その旨を記載した書面」は、特許出願の願書にその旨を記載するだけで、提出を省略できます（特許法施行規則第27条の4第1項参照）。

また、「証明する書面」については、その内容も形式も法定されていないのですが、特許庁が例示したものがありますので、それを参考にして作成するとよいと思います。「証明する書面」についての特許庁の説明はこちらからダウンロードできます。⇒https://www.jpo.go.jp/system/laws/rule/guideline/patent/hatumei_reigai.html

(☞33)意に反する公知について

上記の「特許を受ける権利を有する者の行為」の他、厳密にいえば、特許を受ける権利を有する者の意に反して新規性を失った場合も、新規性喪失の例外の適用を受けることができます。この場合、「その旨を記載した書面」や「証明する書面」は必要ありません。詳しく知りたい方は、参考文献（1）の第30条第1項の解説を参照してください。

(☞34)新規性喪失の例外とパリ条約優先権

ここでの説明は日本国内の学会で発表した後、日本へ特許出願しないで外国へ特許出願した場合ですが、仮に、日本国内の学会で発表した後、新規性喪失の例外の規定の適用を受けて日本へ特許出願し、その後、その日本の特許出願に基づくパリ条約優先権（☞39参照）を主張して外国（たとえば中国）に出願する場合であっても同様になります。つまり、日本の特許出願は新規性喪失の例外が認められうるのですが、中国や欧州では認められません（次図参照）。

これに対して、日本で学会発表する前に日本で特許出願し、その特許出願に基づくパリ条約優先権（☞39参照）を主張して外国（たとえば中国）へ特許出願すれば、外国では新規性喪失の例外の適用を受けるまでもなく、その学会発表を理由として新規性が失われることはありません（次図参照）。

外国では特許がとれない

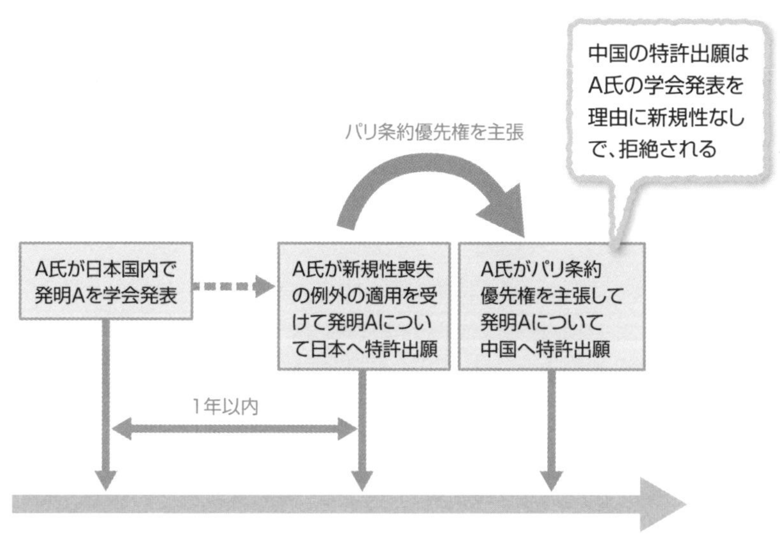

日本でも外国でも特許がとれる可能性がある

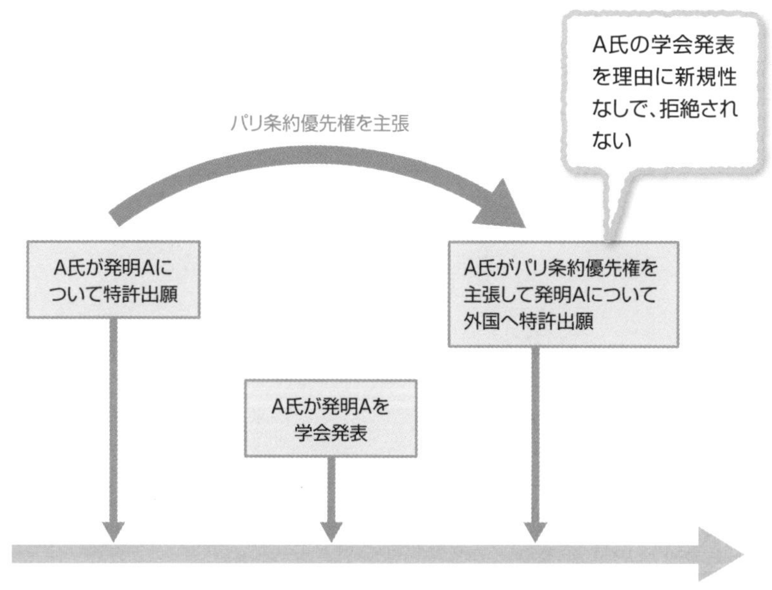

(☞35) 国内優先権の効果について

国内優先権主張出願を行った場合の効果は、3-2で説明するように「先の出願内容に改良発明をつけ加えて一本化できる」ということだけではありません。

国内優先権主張出願の効果とは「特許庁における審査において、国内優先権主張出願における発明のうち、先の出願時の明細書等に記載されていた部分の発明については、先の出願の日を基準に審査し、それ以外の部分については、国内優先権主張出願を行った日を基準に審査する」ということであり、むしろこちらが本質なのです。

この効果について、下図を用いて具体的に説明します。

下図に示すように、2011/8/1に発明Aについて特許出願Xを行い、その1年後に発明Aにαをつけ加えた内容で、国内優先権主張出願Yを行ったとします。わかりやすくするために、特許出願Xでは【請求項1】が「発明A」であったとし、国内優先権主張出願Yでは【請求項1】はそのまま「発明A」で、【請求項2】が「発明A＋α」であったとしましょう。

そして、その後、国内優先権主張出願Yについて出願審査請求して、特許庁で審査してもらったとします。

そうすると、【請求項1】の「発明A」は、先の特許出願Xの日(2011/8/1)を基準にして審査されます。また、【請求項2】の「発明A＋α」は、国内優先権主張出願Yの日(2012/8/1)を基準にして審査されます。

この場合、どのような利益があるのでしょうか？

国内優先権の効果

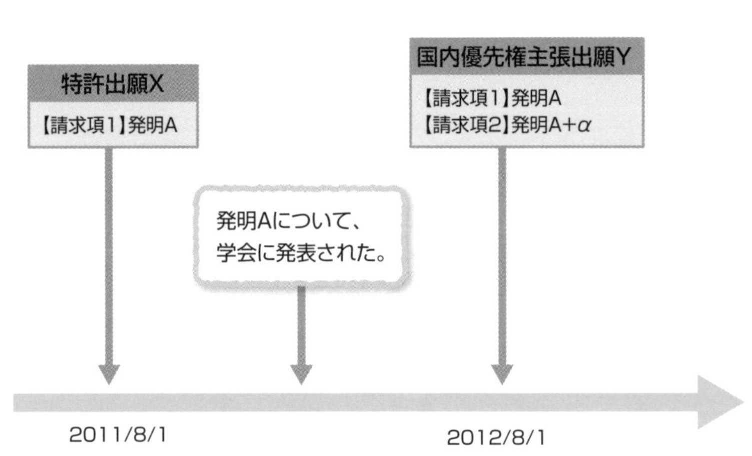

たとえば、特許出願Xと国内優先権主張出願Yとの間に、他人が発明Aについて学会発表したとしましょう。国内優先権主張出願Yにおける【請求項1】の「発明A」は先の特許出願Xの日（2011/8/1）を基準にして審査されるので、学会発表に基づいて発明Aの新規性が否定されることはありません。

これに対して、仮に、国内優先権主張出願Yと同じ内容について、国内優先権を主張しないで2012/8/1に特許出願を行った場合、【請求項1】の「発明A」は、この学会発表によって新規性がなくなったして特許がとれないことになります。

なお、ここでは国内優先権の効果として説明しましたが、パリ条約に基づく優先権の効果も同様になります。詳しくは☞39をご参照ください。

（☞36）補正できる範囲について

参考文献（4）第Ⅳ部「明細書、特許請求の範囲又は図面の補正」には、補正できる範囲について、当初明細書等に記載した事項との関係において、新たな技術的事項を導入するものでない場合は補正が認められると記載されており、このような補正に該当する典型例として「当初明細書等に明示的に記載された事項」または「当初明細書等の記載から自明な事項」にする補正が挙げられています。しかし、当初明細書等に記載した事項との関係において、新たな技術的事項を導入するものであるか否かを明確に判断することは困難です。また、「当初明細書等の記載から自明な事項」であるか否かについても、同様に、明確に判断することは困難です。そこで、補正できる範囲については、基本的に「当初明細書等に明示的に記載された事項」の範囲であると考えておいた方が安全です。

（☞37）拒絶理由通知が最後のものか否かによる補正の内容的な制限

厳密にいいますと、補正できる内容的な制限は3-4に記載されたことだけではありません。最初の拒絶理由通知がきた後か、最後の拒絶理由通知がきた後か、拒絶査定不服審判を請求するときかなどによっても補正できる範囲が変わってきます。しかし、技術者・研究者の方はまずは3-4に記載されていることについて知っていただければ十分と思います。詳しく知りたい方は、参考文献（1）の第17条の2の解説や、参考文献（4）第Ⅳ部「明細書、特許請求の範囲又は図面の補正」を参照してください。

（☞38）特許査定後または拒絶査定後の分割出願について

特殊なケースでは、特許査定後または拒絶査定後に分割出願ができない場合があります。詳しくは参考文献（1）の第44条の解説を参照してください。

(☞39)パリ条約に基づく優先権について

日本で通常の特許出願を行った後、その日本の出願と同じ発明または改良発明について直接出願や国際出願を行う場合、パリ条約に基づく優先権を主張するのが通常です(これは**パリ条約優先権**という場合もあります)。**パリ条約に基づく優先権**を主張する理由は、外国へ出願した日ではなく、先の日本の出願日を基準として特許性が判断されるからです。

ちょっとわかりにくいと思いますので具体例を挙げると、たとえば2011年8月1日に日本で特許出願を行い、パリ条約に基づく優先権を主張して、中国で2012年7月1日に特許出願したとします。この場合、中国で特許を付与するか否かの審査を行う際に、特許出願の日が2012年7月1日ではなく、2011年8月1日とみなして審査が行われるのです。もし、パリ条約に基づく優先権を主張しないで中国に2012年7月1日に特許出願した場合、それと同じ発明について2012年1月1日に公開されていたならば、2012年7月1日に行われた特許出願は、新規性がないとして拒絶されます。しかし、パリ条約に基づく優先権を主張していれば、中国での出願日は2011年8月1日と扱われるので、2011年8月1日よりも後(2012年1月1日)に公開されたものによって拒絶されることはありません。

このようなパリ条約に基づく優先権の効果は、国内優先権主張出願(3-2節参照)における効果と同様です。

パリ条約に基づく優先権の場合も、国内優先権の場合と同様に、先の出願から1年以内に出願することが必要になります。「1年以内」という点が重要ですので、これについてはぜひ覚えてください。

パリ条約に基づく優先権

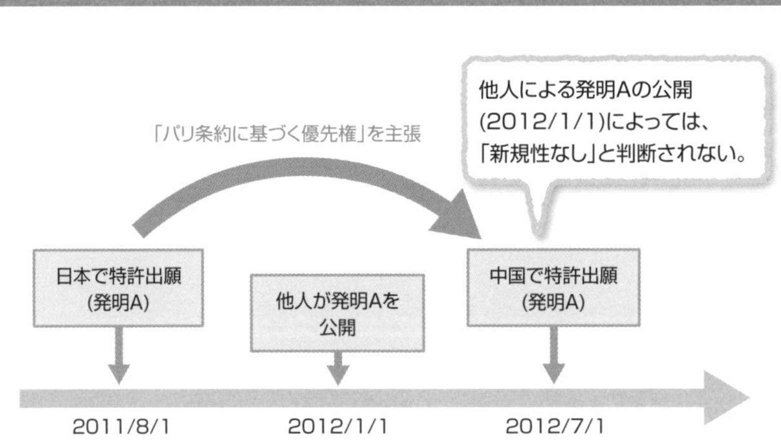

（☞40）いつ情報提供を行うべきか

公開特許公報は、特許出願を行った日から原則として１年６月後に公開されます。したがって、競合他社の特許発明の内容を知ることができるのは、その後ということになります。

また、特許出願を行った日から３年以内に出願審査請求しないと、特許権は発生しません。出願審査請求しなければ特許出願は取り下げたものとみなされるからです。

そこで、競合他社の公開特許公報を見て「この内容で特許をとられるとマズイな」と思ったとしても、すぐに情報提供を行うのではなくて、３年以内に出願審査請求するか否かを見守ることが必要になります。わざわざ情報提供を行わなくても、特許出願を行った日から３年以内に出願審査請求しなければ特許権は発生しないので、自分は何もしなくても望む結果となるわけです。したがって、競合他社が出願審査請求を行ったら、その後に情報提供を行えばよいのです。

また、競合他社は、出願審査請求する前の自社の特許出願に対して情報提供が行われた場合、「あれ、この特許出願は大した内容じゃないから、出願審査請求をするつもりはなかったんだけど、誰かが情報提供してきたということは、特許権が成立すると困る人がいるということだな。特許権をうまくとれれば、誰かからライセンス料をとれるかもしれないぞ。そういうことなら、やっぱり出願審査請求をすることにしよう。」というように考えるでしょう。情報提供を行わなければ、そのまま特許出願が取り下げられたものとみなされて特許権は成立しないで終わったはずなのに、情報提供を行ったために余計に状況が悪くなる可能性があるのです。

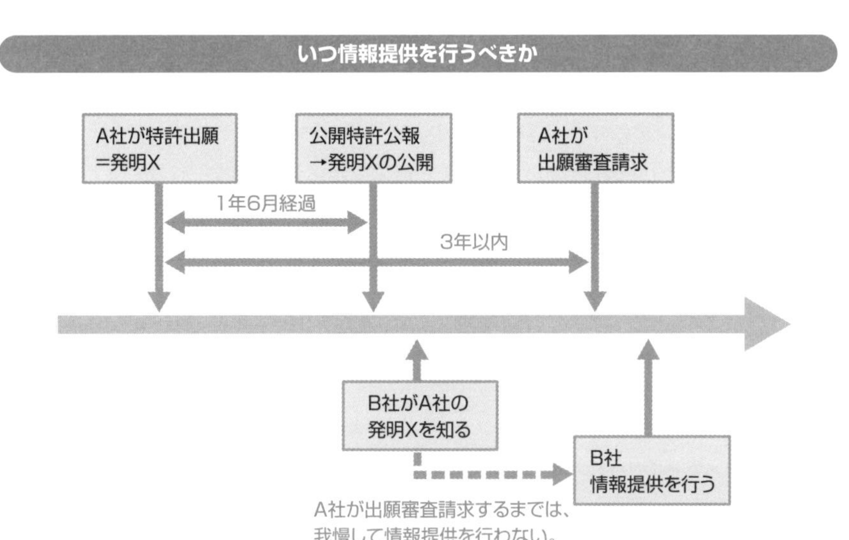

資料　さらに詳しく知りたい方のために

(☞41)生産方法の推定について

第104条には「物を生産する方法の発明について特許がされている場合において、その物が特許出願前に日本国内において公然知られた物でないときは、その物と同一の物は、その方法により生産したものと推定する」と規定されています。つまり、製造方法の発明についての特許権がある場合に、その製造方法によって得られる「物X」が、「特許出願前に日本国内において公然知られた物でない物」、つまり新規な物であるならば、その「物X」は、特許権が付与されている製造方法で製造したものと推定する、すなわち、物Xを製造販売等している者は製造方法の特許権を侵害したと推定する、という意味です。

このような**生産方法の推定**（第104条）の規定は以前から存在していましたので、「製造方法や単純方法の特許をとっても意味がない」ということはありませんでした。しかし、上記のように「物X」が「新規な物」でないと適用されませんでしたので、適用する場面は多くはなかったとはいえます。

(☞42)具体的態様の明示について

第104条の2には、「特許権又は専用実施権の侵害に係る訴訟において、特許権者又は専用実施権者が侵害の行為を組成したものとして主張する物又は方法の具体的態様を否認するときは、相手方は、自己の行為の具体的態様を明らかにしなければならない。ただし、相手方において明らかにすることができない相当の理由があるときは、この限りでない」と規定されています。詳しくは参考文献（1）の104条の2の解説を参照してください。

(☞43)特許と実用新案のその他の違い

特許権の存続期間（終期）は特許出願の日から20年後までであるのに対して、実用新案権の存続期間（終期）は実用新案登録出願の日から10年後までです。また、特許出願において図面は提出しなくてもよいものですが、実用新案において図面は提出しなければならないものです。これらの点も特許と実用新案の違いといえます。

(☞44)実用新案法における保護対象

厳密にいえば「物」ではなく、「物品の形状、構造または組み合わせ」が実用新案法における保護対象となります。したがって、たとえば塗料のように一定の形態を有しないものは、「物」ではあるものの実用新案法の保護対象ではないので実用新案権をとることはできません。

(☞45) 基礎的要件と方式要件

厳密にいえば、実用新案登録出願は極簡単な要件（方式要件（実用新案法第２条の２第４項各号））および基礎的要件（同法第６条の２））については審査されます。そして、この審査にパスすれば登録になります（同法第14条第２項）。

(☞46) 実用新案権の権利行使

詳しく知りたい方は参考文献（1）の実用新案法第29条の2、第29条の3の解説を参照してください。

(☞47) 変更出願の時期的要件

変更出願の時期的要件について詳しく知りたい方は、参考文献（1）の特許法第46条、第46条の2、実用新案法第10条、意匠法第13条の解説を参照してください。

(☞48) 変更出願における内容の同一性（その１）

変更前の出願の内容と変更後の出願の内容は「完全同一」である必要はなく、「実質的に同一」であればよいため、意匠の図面に基づいて、その図面の内容と「実質的に同一」の内容の明細書を作成して特許出願することが絶対に不可能とはいえません。ただし、非常に高い確率で不可能とはいえますので、意匠を特許または実用新案へ変更しても権利をとることはできないと理解してよいと思います。

(☞49) 変更出願における内容の同一性（その２）

☞48と同様ですが、特許や実用新案の図面に記載した概略図と実質的に同一と判断できる６面図を作ることができれば、それを用いて意匠への変更出願を行うことができます。ただし、これも難しいです。

(☞50) 共同出願

第38条には「特許を受ける権利が共有に係るときは、各共有者は、他の共有者と共同でなければ、特許出願をすることができない」と規定されており、第49条２号には、この第38条の規定に反する場合は、拒絶査定する旨が規定されています。

(☞51) 職務発明

多くの場合、職務発明における特許を受ける権利は会社が有することになります。この場合は、共同研究の結果として発生した特許を受ける権利は、複数の会社が有することになります（1-2節参照）。

（☞52）共有に係る特許権

第73条3項には「特許権が共有に係るときは、各共有者は、他の共有者の同意を得なければ、その特許権について専用実施権を設定し、又は他人に通常実施権を許諾することができない」と規定されています。

なお、上記の例の場合であれば、グループ会社Cが会社Aの**一機関**であれば、会社Cが行うことは会社Aが行うことに等しいと解されるので、会社Cの行為は特許権侵害とはなりません。一機関について詳しく知りたい方は専門書（たとえば参考文献（3））を参照してください。

（☞53）先使用権について

厳密には、先使用権は通常実施権の一種であって、「その後も自社で実施を継続できる権利」ではありません。

詳しく知りたい方は参考文献（1）の第79条の解説や参考文献（8）などを参照してください。

第4章　発明したら初めに先行技術を調査しよう

（☞54）その他の検索方法

J-PlatPatでは、キーワード検索、FI検索、Fターム検索の3種類の検索方法の他にも、いくつかの種類の検索を行うことができます。たとえば国際特許分類（IPC）は、発明の技術主題ごとに分類され付された記号です。しかし版が異なると検索できないので使いにくいと思います。

（☞55）先行技術調査に関する資料

先行技術調査に関する詳しい資料は（独）工業所有権情報・研修館のHPからダウンロードできます。より詳しく知りたい方は、そちらをご参照ください。こちらからパンフレット・マニュアル・講習会テキスト等を入手できます。

⇒https://www.inpit.go.jp/j-platpat_info/reference/index.html

第５章　出願書類を作成して特許出願しよう

(☞56) 特許出願書類の作成方法等

「出願の手続　第二章 特許出願の手続」に詳細が記載されています。こちらからダウンロードできます。

⇒https://www.jpo.go.jp/system/laws/rule/guideline/syutugan_tetuzuki.html

(☞57) 特許法第29条の2の拒絶理由

先の出願から１年６月が経過していなければ、自社の先の出願の存在を理由として第39条第１項の拒絶理由がくる可能性がありますが、それ以外の新規性および進歩性に関する拒絶理由（第29条第１項、第２項、第29条の2）は、きません。先の出願が公開されていなければ第29条第１項、第２項の拒絶理由の引用文献にはならないからです。また、先の出願人と後の出願人とは同一になるでしょうから、第29条の２も適用されないことになります。なお、第29条の２が適用されない条件である「出願人同一」は完全同一であることが必要ですので、たとえば先の出願が自社の単独出願で、後の出願が自社と他社の共同出願の場合、「出願人同一」に該当しません。この場合、第29条の２の適用があることになります。この点には注意が必要です。

第６章　拒絶理由通知への対応

(☞58) 補正の制限

拒絶査定不服審判を請求する際に行うことができる補正の範囲については、参考文献（1）の第17条の2第３項〜第６項の解説を参照してください。

(☞59) 拒絶査定後の分割出願

詳しく知りたい方は、参考文献（1）の第44条第１項第３号の解説を参照してください。

(☞60) 分割出願における出願審査請求の期限

詳しく知りたい方は、参考文献（1）の第48条の３第２項の解説を参照してください。

(☞61) 実用新案への変更

審査の結果、拒絶査定となったもののあきらめきれず、しかしながら、拒絶査定不服審判を請求したり、分割出願を行ったりしても、特許はとれそうもないという場合があります。

このような場合、特許ではなく実用新案であれば権利がとれる可能性があります。特許はあきらめて実用新案でもよい場合という場合は、拒絶査定がきてから3月以内に実用新案への変更出願を行うことができます（☞62）。実用新案では実質的な審査がありませんので（詳しくは3-9節参照）、通常は実用新案権をとることができます。ただし、方法の発明について実用新案権はとれません。また、特許出願から実用新案に変更しても、方式要件や基礎的要件を備えていなければ実用新案権はとれないので、変更すれば実用新案権を必ずとれるというものではないことにも注意が必要です。

さらにもっとも重要なことは、特許出願において審査されて拒絶査定となったものを実用新案登録出願に変更して、その後、実用新案権が成立しても、それについての**実用新案技術評価書**の評価結果は「特許性がない」（つまり否定的評価）となる可能性が非常に高いということです。つまり、実用新案権の権利行使は実質的にはできないことになります（詳しくは3-9節参照）。

したがって、特許出願について拒絶査定がきた後に実用新案へ変更して実用新案権をとるメリットはあまりないといえます。

このように拒絶査定がきた場合の対応方法は、次の図に示す3つとなります。

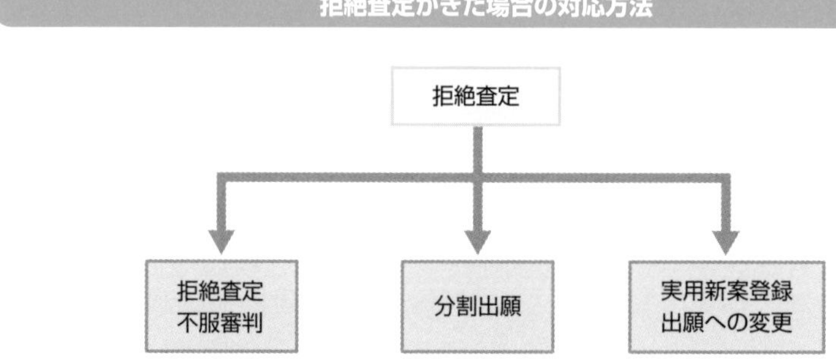

(☞62) 実用新案への変更時期

正確には、最初の拒絶査定がきてから3月以内かつ特許出願の日から9年6月以内であれば、特許出願を実用新案登録出願へ変更することができます。詳しくは参考文献（1）の実用新案法第10条の解説を参照してください。

参考文献

(1)「工業所有権法(産業財産権法)逐条解説」第22版、特許庁編
次のURLからダウンロードできます。
⇒https://www.jpo.go.jp/system/laws/rule/kaisetu/kogyoshoyu/chikujokaisetsu22.html

(2) 高林龍著、「標準特許法」第7版、有斐閣、2020.12.19発行

(3) 吉藤幸朔著、熊谷健一補訂、「特許法概説」第13版、有斐閣、2001.11.30発行

(4) 特許・実用新案審査基準
次のURLからダウンロードできます。
⇒https://www.jpo.go.jp/system/laws/rule/guideline/patent/tukujitu_kijun/index.html

(5) 高橋政治著、「進歩性欠如の拒絶理由通知への対応ノウハウ」、一般財団法人経済産業調査会、H28.1.15発行

(6) 細田芳徳著、「化学・バイオ特許の出願戦略」(改訂10版)、一般財団法人経済産業調査会、令和4年6月30日発行、P143

(7) 高橋政治著、「ノウハウ秘匿と特許出願の選択基準およびノウハウ管理法」、一般財団法人経済産業調査会、H29.10.10発行

(8) 先使用権制度ガイドライン(事例集)「先使用権制度の円滑な活用に向けて―戦略的なノウハウ管理のために―」(第2版)
次のURLからダウンロードできます。
⇒https://www.jpo.go.jp/system/patent/gaiyo/senshiyo/document/index/senshiyouken_2han.pdf

(9)「技術法務のススメ」、編集代表:鮫島正洋、日本加除出版社、H26.6.26発行、P49-50

謝辞

本書を出版するにあたりお世話になった皆さまに、この場を借りてお礼を申し上げます。なかでも、笹口裕昭さん(技術士)、佐藤彰洋さん(技術士・工学博士)、角田朗さん(弁理士)、三橋史生さん(弁理士)、渡邉康弘さん[五十音順]には、すべての原稿に目を通して頂き、貴重なアドバイスを頂きました。どうもありがとうございました。

弁理士・技術士(金属部門)　高橋政治

索引

英字

FI………115
FI・Fターム………127
Fターム………115
J-PlatPat………114
PCT国際出願………74
PCT出願………74

あ行

異質な効果………52、185、187
意匠権………86
一機関………234
引用文献………125
引用文献・被引用文献検索………115、125
営業秘密………198

か行

外国出願………165
拡大された先願の地位を有すること………53
間接侵害………30、32
キーワード検索………114、125、127
技術的営業秘密………198
共有………91
虚偽表示………93
拒絶査定………17、20、25、168、193
拒絶査定不服審判………21、25、193
拒絶審決………21
拒絶理由………223
拒絶理由通知………17
拒絶理由通知書………20、25、168
均等侵害………30、32
クロスライセンス………35、212
コア技術………213
公開技報………207
公開特許公報………17
合議体………222
公然実施………224
国際出願………74
国内移行………74
国内優先権主張出願………66、164、220

さ行

サポート要件………224
実施可能要件………54
実用新案………83
実用新案技術評価書………84、236
周辺技術………213
従来技術調査………24
出願公開………18
出願審査請求………18、24
守秘義務………224
商標権………87
情報提供………76
職務発明………16
新規性………22、42
新規性喪失の例外………62
審決取消訴訟………21
審査………193
審査官………21、222
審判………193
審判官………21、222
進歩性………46
数値限定発明………97、99
スーパー早期審査………69
請求項………56
生産方法の推定………232
製造方法の発明の特許権………79
先行技術調査………22

先使用権……………………92、207
選択発明……………………94
前置審査……………………21
早期審査制度………………68、221
阻害要因……………………184
組成物発明…………………103

た行

単純方法の発明の特許権……79
直接出願……………………74
直接侵害……………………30
追納…………………………222
動機づけ……………………224
同質顕著な効果……………52、185、187
特許…………………………17
特許権………………………17
特許公報……………………17
特許査定……………………20、25、168、195
特許情報プラットフォーム……114
特許審決……………………21
特許請求の範囲……………13
特許請求の範囲の記載要件……56
特許表示……………………93
特許無効審判………………28
特許料………………………20、27
特許を受ける権利…………90

な行

年金…………………………27
ノウハウ……………………54、198
ノウハウ秘匿………………198
除くクレーム………………105

は行

発明提案書…………………24、146
発明の単一性を備えること……72
パラメータ発明……………100
パリ条約に基づく優先権……230
パリ条約優先権……………165、230
被引用文献…………………125
ファーストアクション期間……221
ファイル・インデックス……115
ブラックボックス化………198
分割出願……………………72、193、195、220
変更出願……………………88
補正…………………………20、70
補正要件……………………59

ま行

明細書………………………13
物の発明の特許権…………79
文言侵害……………………30、31

ら行

利用発明……………………34、96
論理づけ……………………224

●著者紹介

高橋　政治（たかはし　まさはる）

1971年　千葉県生まれ
1995年　早稲田大学 理工学部 資源工学科　卒業
1997年　早稲田大学大学院 理工学研究科 資源及び材料工学専攻 修了
1997年　新日本製鐵株式会社　入社
2003年　いおん特許事務所　入所
2004年　技術士登録（金属部門）（登録番号：第55880号）
2009年　弁理士登録（登録番号：第16086号）
2010年　エース特許事務所へ参画
2016年　ソナーレ特許事務所の新設に参加
2021年　知財のプロ向けの情報サイト「知財実務情報Lab.」の運営を開始

ホームページアドレス
（知財実務情報Lab.）：https://chizai-jj-lab.com
（事務所）：http://www.sonare-ip.com

技術者・研究者のための
特許の知識と実務［第5版］

発行日　2023年 12月　1日　　第1版第1刷

著　者　高橋　政治

発行者　斉藤　和邦
発行所　株式会社　秀和システム
〒135-0016
東京都江東区東陽2-4-2　新宮ビル2F
Tel 03-6264-3105（販売）Fax 03-6264-3094

印刷所　三松堂印刷株式会社　　Printed in Japan

ISBN978-4-7980-7099-5 C2034